中等职业学校汽车制造与检修专业新课程教学用书

卡车车模制作
——普通机加工技术与实训

黄丽丹 柳 洁◎主编

人民交通出版社股份有限公司
China Communications Press Co.,Ltd.

内 容 提 要

《卡车车模制作——普通机加工技术与实训》是机械加工专业基础课程。学习任务是通过课程学习，学习者能根据零件图选择正确的机械加工设备和加工工艺，独立制作卡车模型零件，并能拆解和装配车模。课程完成后学习者可掌握常用的加工知识和初步的装配知识。本书将卡车车模制作分解为六大项目，分别为卡车车模的拆解、以钣金为主的车模零件制作、以普通车削为主的车模零件制作、以普通铣削为主的车模零件制作、车模零件的自主加工、卡车车模的装配。

本书可作为职业院校汽车制造或机械相关专业的教学用书，或职业技能的岗位培训和其他相关专业人员的参考书。

图书在版编目(CIP)数据

卡车车模制作：普通机加工技术与实训／黄丽丹，柳洁主编. —北京：人民交通出版社股份有限公司，2015.2 (2025.1重印)

ISBN 978-7-114-11967-5

Ⅰ.①卡… Ⅱ.①黄…②柳… Ⅲ.①载重汽车—模具—制作—中等专业学校—教材 Ⅳ.①U469.2

中国版本图书馆CIP数据核字(2015)第033087号

Kache Chemo Zhizuo—Putong Jijiagong Jishu yu Shixun

书 名：	卡车车模制作——普通机加工技术与实训
著 作 者：	黄丽丹 柳 洁
责任编辑：	林宇峰 李 洁
出版发行：	人民交通出版社股份有限公司
地 址：	(100011)北京市朝阳区安定门外外馆斜街3号
网 址：	http://www.ccpcl.com.cn
销售电话：	(010)85285911
总 经 销：	人民交通出版社股份有限公司发行部
经 销：	各地新华书店
印 刷：	北京虎彩文化传播有限公司
开 本：	880×1230 1/16
印 张：	12.75
字 数：	359 千
版 次：	2015年2月 第1版
印 次：	2025年1月 第3次印刷
书 号：	ISBN 978-7-114-11967-5
定 价：	35.00元

(有印刷、装订质量问题的图书由本公司负责调换)

中等职业学校汽车制造与检修专业新课程教学用书
编 委 会

主 任 委 员：刘建平　胡学兰

副主任委员：张燕文　谢彩英

顾　　　问：武　华

编　　　委：刘付金文　陈佩娜　林志伟　邱志华
　　　　　　柳　洁　李华芳　王利容　饶敏强
　　　　　　黄丽丹　李　军　付志光　钟启成
　　　　　　周　麟　唐金友　张炳南　蔡　颖
　　　　　　黄鉴全　陈真雄　谢克勇　辛　健
　　　　　　赵伟秀　邱伟杰　冯明杰　黄凤环
　　　　　　黎志浩

序
INTRODUCTORY

2009年以来,我国汽车产销量一直位列全球第一,稳居全球最大的一手车市场。广州作为全国重要的乘用车生产基地,聚集了广汽丰田、广汽本田、东风日产等合资企业和广汽集团乘用车有限公司等自主品牌企业。近年来职业院校为我国汽车制造行业提供了强有力的人力资源支撑,但职业院校培养的毕业生与汽车制造企业对一线技术工人的要求相比,仍存在职业能力、职业素养等方面的差距,职业学校必须与行业骨干企业开展深度合作,共同培养专业教师,开发专业核心课程,规划和建设专业教学环境,进一步完善专业课程教学中所需的教材,使之更加适应中职学生培养定位、符合中职学生认知规律、满足汽车制造企业需求。

好的教材必须具有适应企业岗位需求的学习内容并同时适合中职学生的学习方式,为此,我校汽车制造与检修专业的教师虚心学习省内外优秀职业院校在专业定位、课程体系建设、专业课程开发和校企合作等方面的经验,参访广州市各大汽车制造企业及员工培训中心,学习企业先进的员工培训经验和做法。该系列教材针对中职学生的培养目标,选取汽车制造生产一线的典型工作任务并进行教学化处理,对汽车系统结构、系统原理、制造工艺、检测工艺、工量具使用、质量标准、技术资料查阅、作业指导书、安全生产和劳动组织方式等学习内容进行科学整合,形成相应的学习任务,将专业能力与关键能力培养、学习过程与工作过程融为一体,充分体现"做中学"、"学中做"和快乐学习的理念,将必要的理论知识结合在实践过程中进行"理实"一体化的学习,学习任务体现完整的行动过程。在学习过程中培养学生良好的质量意识、成本意识、效率意识,以及安全生产、规范操作、精益求精、团结协作的汽车制造企业一线技术人员所需的综合职业素养。学校与广汽丰田、广州本田和广汽集团乘用车有限公司等汽车制造企业建立了深度的校企合作关系,在此基础上开发的该系列教材作为我校创建国家改革发展示范校重点建设专业的重要成果得到了评估专家和汽车制造企业技术人员的一致好评。

  我深深地为这套凝聚了学校教师与企业技术人员共同智慧结晶的教材感到欣慰,对企业相关技术人员以及撰写教材的每一位教师表示衷心的感谢。希望这套教材能为汽车制造与检修专业课程的改革提供积极而富有价值的尝试,能够促进区域经济建设和汽车制造与检修职业教育的发展。

广州市交通运输职业学校校长　刘建平
2015 年 1 月 19 日于广州

前言

　　《卡车车模制作——普通机加工技术与实训》一书是根据全国机械职业教育教学指导委员会2013年修订的"中等职业学校汽车制造与检修专业教学标准",以广州市交通运输职业学校汽车制造专业的教学改革成果为基础,结合汽车制造与检修专业特色与要求编写,适用于中等职业学校汽车制造、机械类及相近专业的教学。

　　《卡车车模制作——普通机加工技术与实训》是机械加工专业基础课程。其功能是通过课程学习,学习者能根据零件图选择正确的机械加工设备和加工工艺,独立加工模型零件,初步掌握机械加工和装配方法。

　　本书的主要特色与教学建议:

　　(1)零散的加工基础课程整合成一门加工基础课。过去制造类专业实训基础课包括车、铣、钳、钣金等数门课程,每门课内容单一,学习形式枯燥,很难与复杂多样的现实加工联系到一起,学生的学习积极性低。本书整合了车、铣、钳,增加了装配内容,通过加工卡车车模,数门课程通过完成一项实际工作任务融合为一体,打破了单一课程培养学生解决真实问题能力的困局。

　　(2)六大项目。根据专业职业能力分析,充分考虑目前教学的条件和要求,本书将卡车车模制作分解为六大项目,分别为卡车车模的拆解、以钣金为主的车模零件制作、以普通车削为主的车模零件制作、以普通铣削为主的车模零件制作、车模零件的自主加工、卡车车模的装配。内容由浅入深,符合学生的认知规律。内容多以图表呈现,直观明了,即便于教师教学又便于学生自学。

　　(3)项目五是全书的核心内容。在完成前面4个单一加工手段的学习之后,车模零件的自主加工中学生要自主独立完成3个加工任务,包括自己分析图样、选择加工方式、选择刀量具、制定工艺卡等。可培养学生综合运用各种加工知识解决真实问题的能力,是职业核心能力形成的重要途径。

(4)任务的框架。每个学习任务包括:任务描述、任务目标、学习准备、任务实施、任务评价。其中任务评价包含学习内容回顾、加工产品的质量反馈、思考,通过主观的学生自我审视和客观的产品检测数据评价学生的学习,有效地达到了学生主动评价、自我提升的目的。

(5)标准统一采用最新国家标准,为学生后续学习汽车制造与装配、数控机床的操作加工和钳工考证打下基础。

(6)学习环境多样。教学需准备钳工室、普通车间和普通铣间,模拟真实工作场景达到学习过程情境化的目标,促进学习内容的迁移。

(7)教学建议。任教教师应熟练钳工、普通车工、普通铣工的操作,采用一体化教学;教学场地应同时设有钳工、普车、普铣设备和授课设备,或分区场地距离很近,便于课程实施;卡车车模零件较多,所需学时总数为160学时,若学时不足可采用"选做部分零件、订购其余零件"的方法;配备机械加工方面书籍提供给学生查阅;分组教学,每组制作一台卡车车模。

本书中的卡车车模参照了由北京电子科技职业学院提供的车模,在广州市交通运输职业学校谢彩英主任的指导下,零件图样由黄丽丹、陈真雄设计,由黄鉴全、黎志浩、关焯远、黄丽丹、陈真雄试制,在试制与教学实施的基础上,由黄丽丹、黄鉴全修改,同时得到了谢彩英、黄凤环的技术指导后定稿。本教材由黄丽丹老师、广州市教育研究院柳洁老师担任主编,由黄鉴全、陈真雄、谢克勇、辛健、李军、黎志浩、赵伟秀参编,同时得到了陈佩娜、林志伟、王利容三位老师的教材编写理念指导与钟春华老师的加工技术指导,在此一并表示感谢。其中项目一和项目六由柳洁、赵伟秀编写,项目二由辛健、黄鉴全、黎志浩编写,项目三由黄丽丹、李军编写,项目四由谢克勇编写,项目五由谢克勇、辛健、黄丽丹编写;全书由柳洁、黄丽丹统稿。

由于时间仓促,作者水平有限,书中难免有疏漏或错误,恳请读者指正,谢谢!

编者
2014 年 10 月

目　录
CONTENTS

项目一　卡车车模的拆解 ·· 1

项目二　以钣金为主的车模零件制作 ·· 13

　任务 1　转向横拉杆的加工 ·· 14

　任务 2　转向节的加工 ·· 20

　任务 3　下车架的加工 ·· 24

　任务 4　上车架的加工 ·· 30

　任务 5　驾驶室的加工 ·· 34

　任务 6　车箱的加工 ··· 38

项目三　以普通车削为主的车模零件制作 ·· 44

　任务 1　普通车床的基本操作练习 ··· 45

　任务 2　阶梯轴的加工练习 ·· 53

　任务 3　转向轴的加工 ·· 64

　任务 4　后轮轴的加工 ·· 68

　任务 5　转向轴定位座的加工 ··· 73

　任务 6　车轮的加工 ··· 79

　任务 7　变速器模型的加工 ·· 84

　任务 8　传动轴的加工 ·· 90

项目四　以普通铣削为主的车模零件制作 ·· 96

　任务 1　普通铣床的基本操作练习 ··· 97

　任务 2　油箱模型的加工 ··· 107

　任务 3　转向拨杆的加工 ··· 117

　任务 4　万向节的加工 ·· 123

　任务 5　发动机模型的加工 ·· 129

　任务 6　座椅的加工 ··· 135

　任务 7　后轴承座副的加工 ·· 140

　任务 8　转向盘零件的加工 ·· 145

项目五　车模零件的自主加工 152
 任务1　电池模型的加工 153
 任务2　车架铰体的加工 156
 任务3　前轮轴的加工 159
项目六　卡车车模的装配 163
附表 171
 附表1　电池模型加工工艺卡 171
 附表2　电池模型加工步骤 172
 附表3　车架铰体加工工艺卡 174
 附表4　车架铰体加工步骤 175
 附表5　前轮轴加工工艺卡 176
 附表6　前轮轴加工步骤 177
附图 179
参考文献 191

项目一　卡车车模的拆解

  项目描述

本项目学习内容：认识卡车车模的结构和各零件的名称及作用，拆解卡车车模成品，按照主要加工方法对零件进行分类，利用游标卡尺和千分尺测量零件。卡车车模成品如图 1-1 所示。

图 1-1　卡车车模成品图

  项目目标

1. 能独立叙述卡车车模的四大部分和各零件名称及作用。
2. 能在教师的指导下完成卡车车模的拆解。
3. 能独立把卡车车模零件按照主要加工方法进行分类。
4. 能独立利用游标卡尺和千分尺对车模典型零件进行检测。

建议完成本教学项目为 6 学时。

  学习准备

本课程所制作的卡车车模结构由车身、转向系统、传动系统和附件四大部分组成，如图 1-2 所示。车模制作完成后需要实现三大功能：① 车箱能向后翻起——模拟汽车的卸货功能；② 下车架与上车架间相对摆动——模拟汽车的减振功能；③ 能通过转动转向盘带动前轮实现一定角度的转向。

1. 车身

车身结构如图1-3所示,主要由驾驶室、车箱、车架铰体、下车架、上车架5个部件组成,其中上车架起到连接其余零件的作用。

图1-2 车模的四大部分
a) 车身 b) 转向系统 c) 传动系统 d) 附件

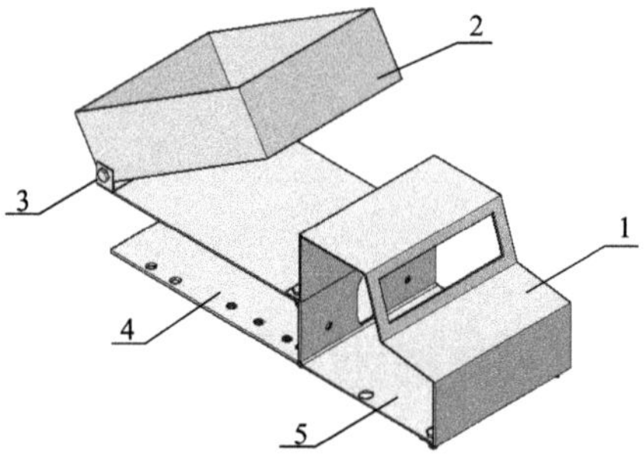

图1-3 车身结构
1-驾驶室;2-车箱;3-车架铰体;4-下车架;5-上车架

(1)想一想:驾驶室与上车架之间需固定,可以用什么连接方式(图1-4)?

(2)想一想:车箱要实现向后翻启动作,模拟汽车的卸货功能,可以用什么连接方式(图1-5)?

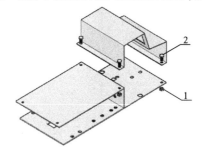

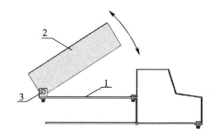

图1-4 驾驶室与上车架的连接——螺纹连接
1-螺母;2-螺钉

图1-5 车箱与上车架的连接——销连接(铰链)
1-上车架;2-车箱;3-车架铰体

(3)想一想:下车架与上车架之间需实现相对转动动作,模拟汽车的减振功能,可以用什么连接方式(图1-6)?

2. 转向系统

转向系统如图1-7所示,主要由前轮轴、车轮、转向拨杆、转向轴、转向盘、转向节、转向横拉杆及转向轴定位座等零部件组成。通过转动转向盘,车轮可以实现一定角度的转向,力的转递示意图如图1-8所示。

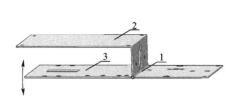

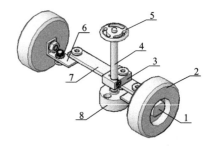

图1-6 下车架与上车架的连接——铰链连接
1-铰链;2-上车架;3-下车架

图1-7 转向系统结构
1-前轮轴;2-车轮;3-转向拨杆;4-转向轴;5-转向盘;
6-转向节;7-转向横拉杆;8-转向轴定位座

项目一　卡车车模的拆解

a)　　　　　　　　　　　　　　　　b)

图 1-8　转向功能示意图

(1) 想一想：转动转向盘，应能带动转向轴及转向拨杆同步转动，可以用什么连接方式(图 1-9 ~ 图 1-11)？

 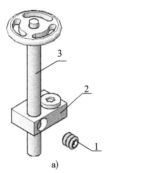 

　　　　　　　　　　　　　　　　　　　　　　　　　a)　　　　　　b)

图 1-9　转向盘与转向轴的连接——铆接(转向　　图 1-10　转向轴与转向拨杆的连接——螺钉连接
　　　轴与转向盘配合的一端被打扁)　　　　　　　　1-内六角螺钉；2-转向拨杆；3-转向轴

(2) 想一想：转向拨杆绕着 A 点的转动需实现转向节绕着 D 点转动，它们与转向横拉杆之间可以用什么传动方式(图 1-12)？

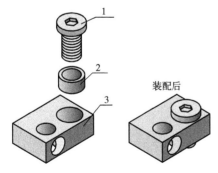 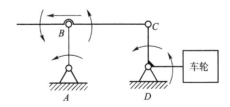

图 1-11　轴套与螺钉的配合　　　　　图 1-12　转向拨杆、转向横拉杆、转向节的连接——铰链四杆机构
1-内六角螺钉；2-轴套；3-转向拨杆　　　　　　　AB-转向拨杆；BC-转向横拉杆；CD-转向节

转向拨杆、转向横拉杆、转向节之间构成一个铰链四杆机构，图 1-12 所示为转向拨杆绕着 A 点作逆时针旋转，带动转向横拉杆作向左移动同时逆时针转动，带动转向节转动，从而使车轮转向。而转向拨杆与螺钉之间有相对转动，为了避免螺钉的螺纹损伤转向拨杆的内孔，在螺钉与转向拨杆内孔之间装配了轴套，如图 1-11 所示，转向节处也如此。

3

(3)想一想:如何使转向轴安装在上车架上(图1-13)?

(4)想一想:转向节与前轮之间需同步旋转,可以用什么连接方式(图1-14)?

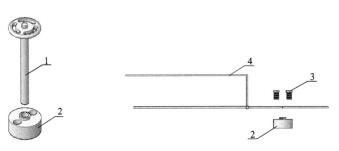

图1-13 转向轴与转向轴定位座——间隙配合,转向轴定位座与上车架的连接——螺钉连接

1-转向盘轴;2-转向轴定位座;3-螺钉;4-上车架

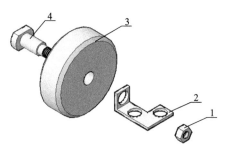

图1-14 转向节与前轮的连接——螺钉连接,留有一定间隙

1-螺母;2-转向节;3-车轮;4-前轮轴

3. 传动系统

传动系统如图1-15所示,主要由发动机模型、变速器模型、万向节、传动轴、后轴承座副、后轮轴、车轮以及弹簧等零部件组成。其中传动轴可以随着下车架的摆动而绕着后轮轴轴线摆动,模拟汽车的减振功能。

想一想:发动机模型与变速器模型是如何连接(图1-16)?

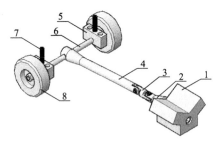

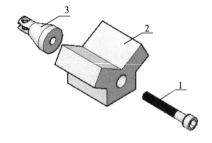

图1-15 传动系统实物图

1-发动机模型;2-变速器模型;3-万向节;4-传动轴;5-后轴承座;6-后轮轴;7-弹簧;8-车轮

图1-16 转向节与前轮的连接——螺钉连接

1-内六角螺钉;2-发动机模型;3-变速器模型

想一想:传动轴绕后轮轴轴线摆动,是怎么实现的(图1-17)?

想一想:后轮轴如何固定在下车架上(图1-18)?

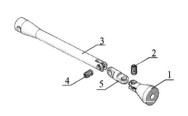

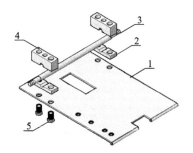

图1-17 变速器模型、万向节及传动轴的连接——销连接

1-变速器模型;2、4-销(内六角螺钉);3-传动轴;5-万向节

图1-18 后轮轴与下车架的连接——后轴承座副支撑

1-下车架;2-后轴承座;3-后轮轴;4-后轴承座上盖;5-螺钉

项目一 卡车车模的拆解

任务实施

一、卡车车模的拆解

1. 拆解要求

(1)将卡车车模按正确顺序和方法进行拆解。
(2)拆卸时,应尽量采用专用工具。
(3)严禁野蛮拆卸,不得损坏零部件。
(4)对易混配合件,清洗检查后,应做好安装方位标记或编号保管。

2. 准备工量具

拆解卡车车模所需工具见表1-1。

拆解卡车车模所需工具　　　　　　　　　表1-1

序号	名　称	简　图	数　量	备　注
1	活动扳手		1把	
2	内六角扳手		1套	
3	十字螺丝刀		1把	
4	一字螺丝刀		1把	

3. 实施拆解

机械拆解须按照机器→总成→部件→组合体→零件的顺序原则,可知本卡车车模的拆卸总体步骤应该是:卡车车模→四大组成部分→部件→零件。拆解步骤见表1-2。

卡车车模拆解步骤　　　　表1-2

次序	拆解内容	拆解简图	操作步骤
1	拆下车箱		（1）松开连接车身与车架铰体的2个六角螺栓 （2）将车箱部件与车模余下部分分离
2	拆下驾驶室		（1）松开链接驾驶室与车身的4个螺栓 （2）将驾驶室部件与车模余下部分分离
3	拆下发动机、变速器模型组合体		（1）松开连接发动机与车身的2个内六角螺钉 （2）松开连接变速器与万向节的小内六角螺钉 （3）将发动机、变速器模型组合体与车模余下部分分离
4	拆下传动系统余下部分		（1）松开连接后轴承座与下车架的4个内六角螺钉 （2）将传动系统余下部分与车模余下部分分离

续上表

次序	拆解内容	拆解简图	操作步骤
5	拆下转向系统		(1) 松开连接左右转向节与车身的2个螺钉 (2) 将转向系统与车模余下部分分离
6	分解发动机、变速器模型组合体		(1) 松开连接发动机与变速器的内六角螺钉 (2) 分解完成
7	分解传动系统余下部分		(1) 松开连接传动系统与车身的左右轴承座的4个内六角螺钉 (2) 松开固定车轮的左右六角螺母 (3) 松开连接传动轴与万向节的小内六角螺钉 (4) 分解完成
8	分解转向系统		(1) 松开固定车轮与前轮轴的左右2个六角螺母 (2) 松开连接转向横拉杆与左右转向节的2个六角螺钉 (3) 松开连接转向横拉杆与转向拨杆的内六角螺钉 (4) 松开固定转向拨杆与转向盘轴的小内六角螺钉 (5) 分解完成
9	分解车身余下部分		(1) 分别松开固定车身与座椅、油箱、电池及转向盘安装座的7个内六角螺钉 (2) 分解完成

二、零件的分类

把拆解后的车模零件按照表1-3的要求进行分类：

想一想：这三类零件的形状各有什么特点，并填写表1-3。

零件的形状特点决定了零件的加工方法，卡车车模零件按加工方法可分为三大类：

卡车车模零件分类 表1-3

类别	零件	形状特点
1	转向横拉杆、转向节、下车架与上车架（不用拆）、车箱与车架铰体（不用拆）、驾驶室	
2	转向轴（与转向盘不用拆）、后轮轴、前轮轴、转向轴定位座、车轮、变速器模型、传动轴	
3	油箱模型、电池模型、转向拨杆、万向节、发动机模型、座椅、后轴承座副、转向盘（与转向轴不用拆）	

第一类为钣金件，成薄板状，均用薄钢板制成，加工方法主要为钣金加工，具体见项目二。

第二类为回转类零件，成圆柱或圆锥状，均用圆棒料制成，加工方法主要为车削，具体见项目三。

第三类为平面类零件，成六面体状或圆柱上切割出的平面状，用六面体材料或圆棒料制成，加工方法主要为铣削，具体见项目四。

三、卡车零件的测量

1. 量具的使用方法

本卡车车模使用的量具主要有钢直尺、游标卡尺、外径千分尺。

（1）游标卡尺是一种游标量具，它由固定的主尺和沿主尺滑动的游标组成，外形如图1-19所示，可用于测量内表面、外表面间距离和深度尺寸。

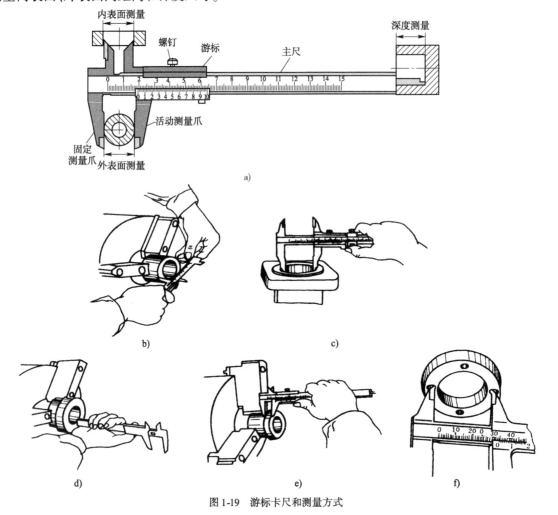

图1-19 游标卡尺和测量方式

游标卡尺的读数方法如图1-20所示,图中游标的分度值是0.02mm。

图1-20a)所示的主尺读数为:13mm;游标上读数为4(0.4mm)的后面第四根刻线(0.02×4)与主尺上的某一刻线对齐,读数为:0.4+0.02×4=0.48;工件的最终测量值是:13.48mm。

图1-20b)所示的主尺读数为:31mm;游标上读数为4(0.4mm)的后面第一根刻线(0.02×1)与主尺上的某一刻线对齐,读数为:0.4+0.02×1=0.42;工件的最终测量值是:31.42mm。

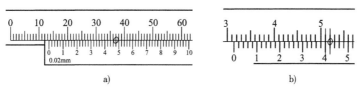

图1-20 游标卡尺读数的两个例子

注意

游标上刻的数字是游标分度值,如果刻的是0.02mm,表示游标上每一格值为0.02mm,如果刻的是0.05mm,表示游标上每一格值为0.05mm。

测量之前,检查游标和主尺在测量爪合拢时,零线是否重合,如不重合,应记下零点读数加以修正。

(2)外径千分尺。外径千分尺是一种高精度螺旋式量具,小型外径千分尺的外形如图1-21所示,用于测量外表面距离,它比游标卡尺具有更高测量精度。常用外径千分尺的量程有0~25mm、25~50mm、50~75mm等规格,分度值是0.01mm。

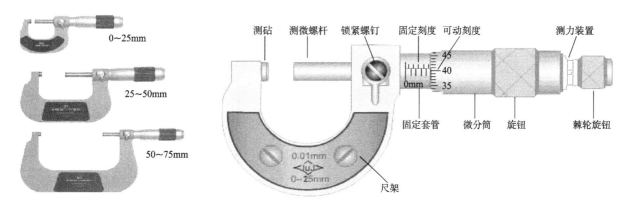

图1-21 外径千分尺

外径千分尺的读数方法如图1-22所示。

图1-22a)所示的固定刻度值是:8mm;微分筒上与水平基线重合的可动刻线的刻度值是:0.06mm,估值为0.002mm;工件的测量值是:8.062mm。

图1-22b)所示的固定刻度值是:2.5mm;微分筒上与水平基线重合的可动刻线的刻度值是:0.22mm,工件的测量值是:2.720mm。

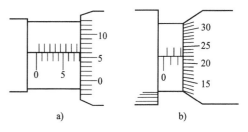

图1-22 外径千分尺读数的两个例子

注意　　　　　　　　使用游标卡尺和千分尺注意事项

(1) 游标卡尺和千分尺是较精密的测量工具,要轻拿轻放,不要碰撞或摔跌。测量时,应先拧松紧固螺钉,移动游标不能用力过猛,两测量爪与待测物的接触不宜过紧或过松。不要用来测量粗糙的物体,以免损坏测量爪。不用时应涂防锈油,并置于干燥地方存放以防生锈。

(2) 使用千分尺测量之前,要用标准件检查校正千分尺,以保证测量值的准确。

(3) 千分尺读数时,如果固定刻度的上刻线没有露出,则微分筒上与基线重合刻线对应的就是测量的小数值;如果固定刻度的上刻线已经露出,则从微分筒上读得的刻度值应再加上 0.5mm 才是测量的小数值。当微分筒上没有任何一条刻线与基线恰好重合时,应该估读到小数点后第三位数。

(4) 读数时,视线应与尺面垂直。如需固定读数,可拧紧固定螺钉来固定游标尺或微分筒,防止滑动和松动。

(5) 实际测量时,对同一尺寸应多测几次,取其平均值来消除偶然误差。

2. 卡车车模零件的测量

对照书后附的卡车车模零件图,测量某些零件的尺寸,理解尺寸公差的含义。

例如,测量前轮轴零件的 $\phi 6g9\,(^{-0.004}_{-0.034})$ 这个尺寸,如图 1-23 所示,方法如下:

(1) 解读该尺寸含义:公称尺寸为 6,基本偏差代号为 g,公差等级为 9,上极限偏差为 -0.004,下极限偏差为 -0.034,该尺寸允许变动的范围为 5.964～5.996。

(2) 测量该尺寸:若测量结果为 5.985,则在允许范围内,为合格尺寸,若测量结果为 5.95,则不在允许范围,为不合格尺寸。

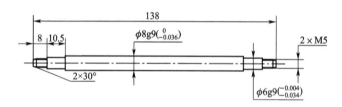

图 1-23　前轮轴的尺寸测量

 小提示

有注公差尺寸:零件图中有一种数量较少而重要的尺寸,需要标出其公差的尺寸,称为有注公差尺寸,比如配合尺寸等,如图 1-23 中的尺寸 $\phi 6g9\,(^{-0.004}_{-0.034})$。

未注公差尺寸:零件图中有另一种数量大而不重要或者普通操作者利用普通设备来加工,该尺寸都会合格的尺寸(该尺寸对零件的质量和对配合性质没有影响的尺寸),为了突出有注尺寸并且使零件图更简洁,所以国家标准规定该尺寸不用标注,称为未注公差尺寸,比如零件的总长等,如图 1-23 中的尺寸 138。

未注公差尺寸的公差范围:按国家标准规定未注公差尺寸的公差等级一般取 IT14～IT11,通常取 IT13,采用 ±IT/2;零件的公差与尺寸大小有直接关系,例如公称尺寸为 138 的未注尺寸,若取公差等级为 IT13,查得公差值为 0.63,则该尺寸实际为 138±0.315。

任务评价

(1)回顾本任务的学习,你是否能做到:
①能否独立叙述卡车车模的四大部分和各零件名称及作用?
②能否完成卡车车模的拆解?
③能否独立把卡车车模零件按照加工方法进行分类?
④能否独立利用游标卡尺和千分尺对车模典型零件进行检测?

(2)问答:
①以下两图所示游标卡尺的读数分别是多少?

   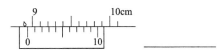

②以下两图所示外径千分尺的读数分别是多少?

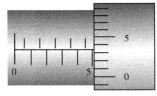   

(3)想一想:

你们学校有汽车文化节吗?动手做个更棒的汽车模型参赛吧!材料不限!以下是广州市交通运输学校往届汽车模型大赛的学生作品。

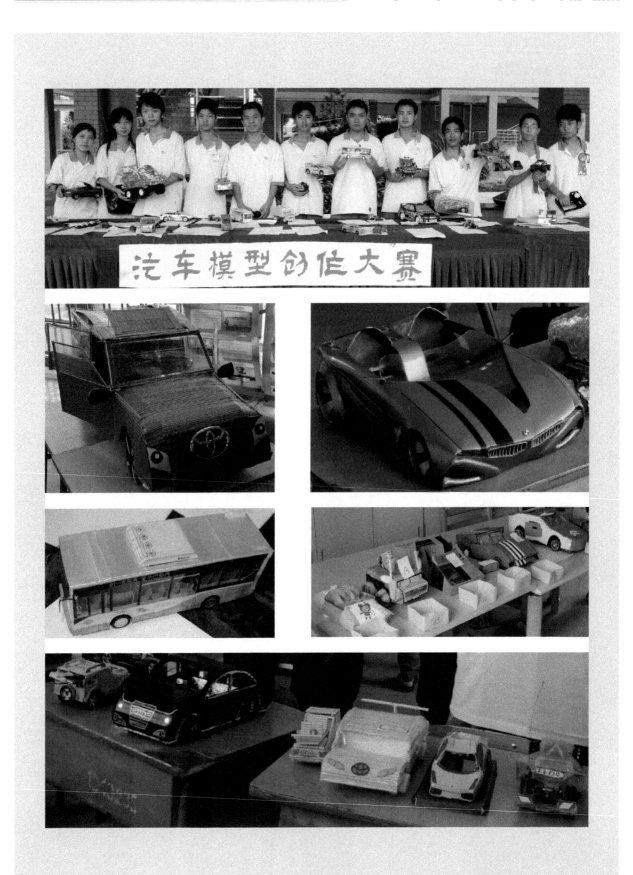

项目二 以钣金为主的车模零件制作

 项目描述

卡车车模中驾驶室、车箱等车身零件属于钣金件，主要用钣金钳工的方法加工。

本项目加工以钣金为主的车模零件，按由易到难的顺序进行，共有6个零件：转向横拉杆、下车架、转向节、上车架、驾驶室、车箱，如图2-1所示，零件图见书后附图。

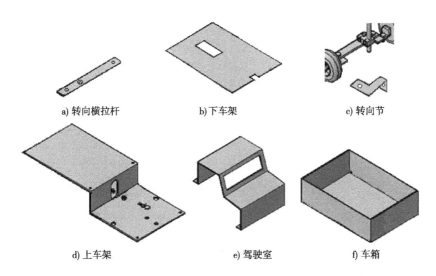

a) 转向横拉杆　　b) 下车架　　c) 转向节

d) 上车架　　e) 驾驶室　　f) 车箱

图2-1　以钣金为主的车模零件

 项目目标

1. 在教师的指导下，能正确使用钳工工具及钻床进行钳工基本操作，包括：錾削、锯削、锉削、划线、钻孔。

2. 在教师的指导下，能初步分析车模零件图和钣金工艺，并能逐步自主制定零件的钣金工艺。

3. 在教师的指导下，能正确使用铁錾、铁剪、铁锤等钣金工具进行钣金加工，完成以钣金为主的车模零件的加工及检测。

建议完成本教学项目为42学时。

任务1　转向横拉杆的加工

➪ 任务描述

本任务加工转向横拉杆，零件图如图2-2所示，主要学习锉削、钻孔和攻螺纹。请依据图样和工艺卡，按照钣金加工要求，完成零件的加工和检测。

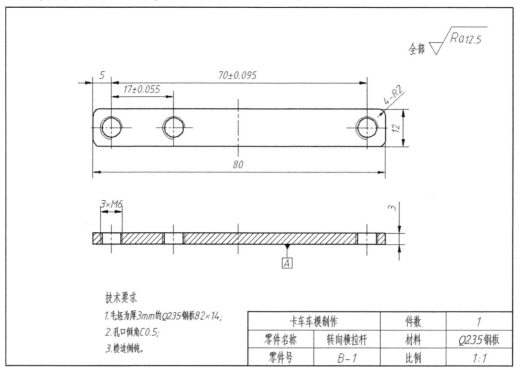

图2-2　转向横拉杆零件图

➪ 任务目标

1. 在教师的指导下，能正确分析转向横拉杆零件，初步分析其钣金工艺。
2. 在教师的指导下，能正确使用锉刀进行锉削，能正确使用台钻进行钻孔，能正确使用丝锥进行攻螺纹。
3. 在教师的指导下，能完成转向横拉杆的加工及检测。

建议完成本教学任务为6学时。

学习准备

一、锉削基本知识

1. 锉削

用锉刀对工件表面进行切削加工的方法称为锉削。锉削应用十分广泛，可锉削平面、曲面、内外表面、沟槽和各种形状复杂的表面以及装配时对工件的修整等。锉削的精度可达到0.01mm，表面粗糙度可

达 $Ra0.8(\mu m)$。

1)锉刀的组成

锉刀由锉身和锉柄两部分组成。锉刀各部分的名称如图 2-3 所示。锉刀面是锉削的主要工作面,锉刀舌则用来装锉刀柄。

2)锉齿和锉纹

锉刀的齿纹有单齿纹和双齿纹两种,如图 2-4 所示。单齿纹指锉刀上只有一个方向上的齿纹,锉削时全齿宽同时参加切削,切削力大,因此常用来锉削软材料。采用双齿纹锉刀锉削时,锉屑是碎断的,切削力小,再加上锉齿强度高,所以适合于硬材料的锉削。

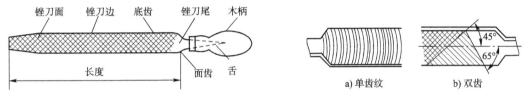

图 2-3 锉刀各部分名称　　　　图 2-4 锉刀的齿纹

3)锉刀的种类

锉刀按其用途可分为钳工锉、异形锉和整形锉三种。钳工锉按其断面形状又可分为扁锉(板锉)、方锉、三角锉、半圆锉和圆锉五种。异形锉有刀口锉、菱形锉、扁三角锉、椭圆锉、圆肚锉等,异形锉主要用于锉削工件上特殊的表面。整形锉又称什锦锉,主要用于修整工件细小部分的表面。

2. 锉刀的规格及选用

锉刀的规格分尺寸规格和齿纹粗细规格两种。方锉刀的尺寸规格以方形尺寸表示;圆锉刀的规格用直径表示;其他锉刀则以锉身长度表示。钳工常用的锉刀,锉身长度有 100mm、125mm、150mm、200mm、250mm、300mm、350mm、400mm 等多种。

齿纹粗细规格,以锉刀每 10mm 轴向长内主锉纹的条数表示。主锉纹指锉刀上起主要切削作用的齿纹;而另一个方向上起分屑作用的齿纹,称为辅助齿纹。

锉刀齿纹粗细规格的选用见表 2-1。

锉刀齿纹粗细规格的选用　　表 2-1

锉刀粗细	适用场合		
	锉削余量(mm)	尺寸精度(mm)	表面粗糙度 $Ra(\mu m)$
1 号(粗齿锉刀)	0.5~1	0.2~0.5	100~25
2 号(中齿锉刀)	0.2~0.5	0.05~0.2	25~6.3
3 号(细齿锉刀)	0.1~0.3	0.02~0.05	12.5~3.2
4 号(双细齿锉刀)	0.1~0.2	0.01~0.02	6.3~1.6
5 号(油光锉刀)	0.1 以下	0.01	1.6~0.8

每种锉刀都有其主要的用途,应根据工件表面形状和尺寸大小来选用,其具体选择如图 2-5 所示。

3. 锉削的操作方法

(1)锉刀柄的装拆方法如图 2-6 所示。

(2)锉刀的握法:250mm 以上的扁锉,用右手握紧手柄,柄部顶住掌心,大拇指放在柄的上部,其余四指满握手柄。左手用中指、无名指捏住锉刀的前端,大拇指根部压在锉刀头上,食指、小拇指自然合拢,如图 2-7 所示。小扁锉的握法如图 2-8 所示。

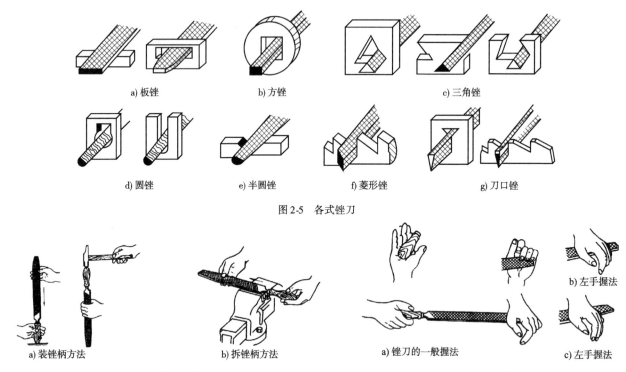

图 2-5 各式锉刀

图 2-6 锉刀柄的装拆

图 2-7 大扁锉刀的一般握法

（3）锉削姿势。锉削时操作者的站立位置与锯削相似。锉削时身体重心要落在左脚上，右膝伸直，左膝随锉削的往复运动而屈伸。在锉刀向前锉削的动作过程中，身体和手臂的运动情况如图 2-9 所示。开始，身体向前倾斜 10°左右，右肘尽量向后收缩；最初 1/3 行程时，身体向前倾斜 15°左右，左膝稍有弯曲；锉至 2/3 时，右肘向前推进锉刀，身体逐渐倾斜到 18°左右；锉最后 1/3 行程时，右肘继续推

图 2-8 小扁锉的握法

进锉刀，身体则随锉削时的反作用力自然地退回到 15°左右；锉削行程结束后，手和身体都恢复到原来姿势，同时将锉刀略提起退回。

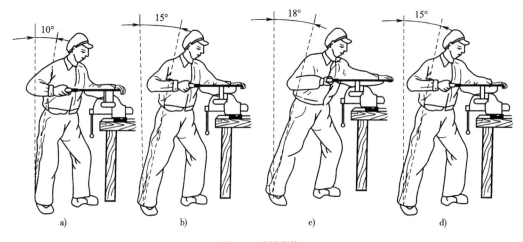

图 2-9 锉销姿势

(4)锉削时操作者两手的用力和锉削速度。锉削时右手的压力要随锉刀推动而逐渐增加,左手的压力要随锉刀推动而逐渐减小,如图 2-10 所示。回程时不加压力,以减少锉齿的磨损。锉削速度一般在 40 次/min 左右,推出时稍慢,回程时稍快,动作要自然协调。

图 2-10 锉平面时的两手用力

二、攻螺纹

1. 丝锥

丝锥是专门用来加工或修正内螺纹的刀具。图 2-11 所示为螺纹丝锥,简称头攻和二攻螺纹丝锥。图 2-12 所示为丝锥扳手。

2. 攻螺纹步骤

用丝锥在内孔表面切削加工内螺纹的方法称为攻螺纹。

(1)攻螺纹时,尽量把头攻丝锥放正,然后用一手压住丝锥的轴线方向,用另一手轻轻转动铰杠。

(2)当丝锥旋转 1~2 圈后,从正面或侧面观察丝锥是否和工件的螺纹基面垂直,必要时可用直角尺进行校正,一般在攻进 3~4 圈螺纹后,丝锥的方向就基本确定。

(3)如果开始攻螺纹不正,可将丝锥旋出,用二攻丝锥加以纠正,然后再用头攻丝锥继续攻螺纹。

(4)当丝锥的切削部分全部进入工件时就不再需要施加轴向力,靠螺纹自然旋进即可。

(5)旋转 1 圈,倒转 1/4 圈,以便排屑,如图 2-13 所示。

图 2-11 螺纹丝锥
a) 头攻螺纹丝锥
b) 二攻螺纹丝锥

图 2-12 丝锥扳手

图 2-13 头攻丝锥加工示意图

(6)在使用头攻丝锥进行螺纹加工后,必须将二攻丝锥手动旋进螺纹孔内,旋至不动为止,然后安装扳手操作。防止螺纹产生损伤。

 小提示

加工注意:操作者的两手用力要平衡,切忌用力过猛和左右晃动,否则容易将螺纹牙型撕裂和导致螺纹孔扩大及出现锥度。

冷却润滑:螺纹加工使用塔牙油或柴油,能避免螺纹毛刺过多,并有效减少崩齿现象。

任务实施

1. 分析零件图

读图 2-2 转向横拉杆零件图可知,该零件的材料为 Q235,毛坯尺寸为 82mm×12mm×3mm;该零件为板料零件,有 R2 倒圆角 4 处;M6 螺纹孔 3 个,螺纹孔位置公差为 ±0.055mm。表面粗糙度全部为 Ra3.2μm。

该零件加工内容有锉圆弧角、钻孔、攻螺纹,使用的工具有:锉刀,麻花钻,攻螺纹扳手及丝板;量具有钢直尺和游标卡尺。

2. 读懂工艺卡

表 2-2 是转向横拉杆加工工艺卡,作为钳工应能根据工艺卡要求做好加工前的准备工作,并按要求进行加工。

备注:此零件毛坯宽度尺寸为 12mm,根据图样要求,毛坯宽度尺寸能符合图样要求。

转向横拉杆加工工艺卡 表 2-2

(企业名称)			机械加工工艺卡				产品名称		卡车车模		图号	B-1
							零件名称		转向横拉杆		共1页	第1页
材料	Q235	毛坯种类	扁钢	毛坯尺寸	82×12×3		毛坯件数	1	每台件数	1	备注	
工序	工种	工步	工序内容			车间	工段	设备	工艺装备			工时
									夹具	刀具	量具	准终 单件
1	钳 机加工	(1)	用台虎钳夹持工件,右端伸出10mm,找正工件;锉削两窄面,保证70mm					台钻	台虎钳	φ5.5mm 麻花钻	钢直尺 游标卡尺	
		(2)	划线,确定孔位置,并打样冲眼									
		(3)	钻孔加工 M6 通孔,保证 Ra3.2μm									
2	钳	(1)	工件使用台虎钳装夹,使用 φ8H7 手动铰刀加工 $\phi 8^{+0.04}_{+0.02}$ 通孔									
		(2)	使用台虎钳装夹,使用 M6 手动丝锥加工									
3			清毛刺,检测									
						设计(日期)	校对(日期)		审核(日期)	标准化(日期)	会签(日期)	
标记	处数	更改文件号	签字	日期								

3. 准备加工

根据工艺卡的要求准备工装夹具,到仓库领取材料、刀具、量具等生产资料(表 2-3)。

4. 操作加工

根据工艺卡对应的工序和工步内容,装夹工件,加工工件。

(1)装夹工件。工件的装夹上端伸出 20mm,如图 2-14 所示。

生产资料表   表 2-3

序号	项目	名称、规格、数量等
1	材料	Q235 扁钢
2	刀具	φ5.5mm 麻花钻
3	量具	钢直尺、游标卡尺、内径千分尺(5~25mm)、表面粗糙度样板
4	其他	样冲、薄铜片(1mm)、铜棒、安全护具等

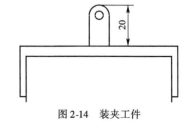

图 2-14 装夹工件

(2)加工工件。根据表 2-4 转向横拉杆工步内容描述,完成转向横拉杆加工工艺卡第 1~3 工序的加工内容。

 警示 必须遵照钳工操作规范进行操作加工,做好日常管理工作。

转向横拉杆加工步骤　　　　　　　　　　　　　表 2-4

加工完成图	工步内容描述	操作示意图
	台虎钳装夹工件,右端伸出约 20mm (1)锉削小平面 A,保证垂直度 (2)锉削小平面 B,保证尺寸 70mm (3)锉削圆弧 R2	
	(1)划线 (2)根据图样所示,使用基准面 A 划出 M6 通孔圆心线 (3)使用样冲在交点处进行定位	
	使用台钻进行孔加工,注意孔心定位精度	
	使用台虎钳进行装夹 (1)攻螺纹 M6 (2)使用适量煤油进行润滑、排屑	

 任务评价

回顾本任务的学习,你是否能做到:
(1)能否正确读懂图 2-2 转向横拉杆零件图图样,并正确分析其加工工艺?
(2)能否正确使用样冲进行钻孔定位?
(3)根据转向横拉杆零件图的技术要求对工件进行综合检测并填写表 2-5。在老师的指导下加工的转向横拉杆零件是否合格?

综合检测表(未注公差的尺寸按 GB/T 1804-m 检验)　　（单位:mm）　　表 2-5

检测项目	检测内容	自检	小组检	质检	结　果
长度 70	IT(偏差 ±0.3)				合格(　　) 不合格(　　)
圆角 R2	4 处				
螺纹孔 M6	IT				
表面粗糙度 Ra3.2(μm)	合格/不合格				
缺陷	有无碰伤、残留				

（4）完成生产任务后要做好场地和设备的整理、清洁、维护等日常工作。

小提示

每班工作后应擦净台虎钳,要求无油污、无铁屑,并合并钳口,检查工具有无损坏,并将工具放置于工具箱内,保持工作台清洁和场地整齐。

任务 2　转向节的加工

⇨ 任务描述

本任务加工转向节,零件图如图 2-15 及图 2-16 所示,主要学习錾削、折弯加工。请依据图样和工艺卡,按照操作要求,完成零件的加工和检测。

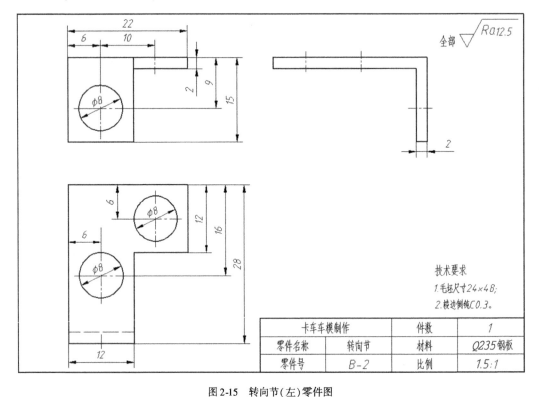

图 2-15　转向节(左)零件图

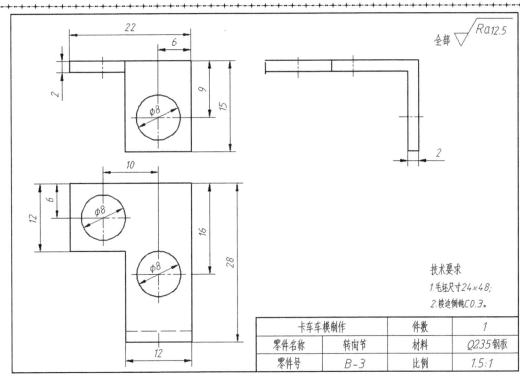

图2-16 转向节(右)零件图

⇨ **任务目标**

1. 在教师的指导下,能正确分析转向节零件图样,初步分析其加工工艺。
2. 在教师的指导下,能正确使用群钻进行孔加工。
3. 在教师的指导下,能使用台虎钳进行折弯加工及检测。

建议完成本教学任务为6学时。

学习准备

一、折弯基本知识

1. 折弯加工

钣金折弯时,在折弯处需有折弯半径,折弯半径不宜过大或过小,应适当选择折弯半径,折弯半径太小容易造成折弯处开裂,折弯半径太大又使折弯易反弹。

2. 手工折弯

手工弯曲是指用手工操作将金属材料沿直线或曲线弯曲成一定角度或弧度的工艺过程。常用木锤进行加工(图2-17)。

图2-17 手工折弯

二、群钻基本知识

1. 群钻

群钻是将标准麻花钻的切削部分修磨成特殊形状的钻头。群钻是中国人倪志福于1953年创造的,原名倪志福钻头,后经本人倡议改名为"群钻",寓群众参与改进和完善之意。

2. 薄板群钻

在 0.1~1.5mm 厚的薄钢板、马口铁皮、薄铝板、黄铜皮和紫铜皮上钻孔,不能用普通钻头,否则钻出的孔就会出现不圆、成多角形、孔口飞边、毛刺很大,甚至薄板扭曲变形,孔被撕破。大的薄板很难固定在机床上,若用手握住薄板钻孔,当用普通麻花钻的钻尖刚钻透时,钻头失去定心的能力,工件发生抖动,刀刃突然多切,扎入薄板,切削力急增,易使钻头折断或手扶不住,造成事故。

图 2-18 所示的薄板群钻,钻时钻尖先切入工件,起定心作用,两个锋利的外尖迅速把中间切离,得到所要求的孔,用它钻薄板干净利落,安全可靠。

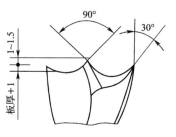

图 2-18 薄板群钻

任务实施

1. 分析零件图

读图 2-15 与图 2-16 转向节零件图可知,该零件的材料为 Q235,毛坯尺寸为 24mm×48mm;

该零件有 3 处孔加工,需在装配时进行钻孔加工;使用錾削进行薄板加工;

表面粗糙度全部为 $Ra3.2\mu m$;

该零件加工内容有錾削、折弯加工;

使用的工量具有:手锤、錾子、加力扳手及薄板群钻;量具有钢直尺和游标卡尺。

2. 读懂工艺卡

表 2-6 是转向节加工工艺卡。

备注:由于尺寸精度要求不高,可采用钢直尺进行划线。

转向节加工工艺卡   表 2-6

(企业名称)			机械加工工艺卡				产品名称	卡车车模		图号	B-2B-3
							零件名称	转向节		共1页	第1页
材料	Q235板	毛坯种类	板料	毛坯尺寸	24mm×48mm	毛坯件数	2	每台件数	2	备注	
工序	工种	工步	工序内容			车间	工段	设备	工艺装备		工时
									夹具	刀具	量具	准终	单件
1	钳 机加工	(1)	划线,保证毛坯尺寸,使用手锤,进行錾削加工					台钻	台虎钳	φ8mm 薄板群钻	钢直尺 游标卡尺		
		(2)	使用加力扳手装夹工件										
		(3)	钻孔加工 φ8mm 通孔										
2	钳	(1)	工件使用台虎钳装夹,使用手锤进行折弯										
3			清毛刺,检测										
						设计(日期)		校对(日期)		审核(日期)	标准化(日期)	会签(日期)
标记	处数	更改文件号	签字	日期								

3. 准备加工

根据工艺卡的要求准备工装夹具,到仓库领取材料、刀具、量具等生产资料(表2-7)。

生产资料表　　　　　　　　　　　　　　　　　　　　　　　　　表2-7

序　号	项　目	名称、规格、数量等
1	材料	板料
2	刀具	φ8mm 薄板群钻、錾子
3	量具	钢直尺、游标卡尺、表面粗糙度样板
4	其他	样冲、手锤、安全护具等

4. 操作加工

根据工艺卡对应的工序和工步内容,装夹工件,加工工件。

根据表2-8转向节工步内容描述,完成转向节加工工艺卡第1~3工序的加工内容。

转向节加工步骤　　　　　　　　　　　　　　　　　　　　　　　表2-8

加工完成图	工步内容描述	操作示意图
	使用钢直尺划线定位,根据工件尺寸使用手锤进行錾削加工	
	使用加力扳手装夹工件进行孔加工,注意孔心定位精度	—
	台虎钳装夹工件,划线对齐台虎钳使用手锤进行折弯加工	

任务评价

回顾本任务的学习,你是否能做到:

(1)能否正确读懂图2-15、图2-16转向节零件图图样,并正确分析其加工工艺?
(2)能否正确使用薄板群钻进行钻孔加工?
(3)根据转向节零件图的技术要求对工件进行综合检测并填写表2-9。

综合检测表（未注公差的尺寸按 GB/T 1804-m 检验）（单位：mm）　　表2-9

检测项目	检测内容	自检	小组检	质检	结　果
长度 28	IT(偏差±0.2)				
宽度 22	IT				合格（　）
通孔 φ8	IT				不合格（　）
倒钝	锐边倒钝				
表面粗糙度 Ra3.2μm	合格/不合格				
缺陷	有无碰伤、残留				

(4) 完成生产任务后能否做好场地和设备的整理、清洁、维护等日常工作？

任务3　下车架的加工

▷ **任务描述**

本任务加工下车架，零件图如图2-19所示，主要学习剪削、錾削、折弯加工。请依据图样和工艺卡，按照钣金加工要求，完成零件的加工和检测。

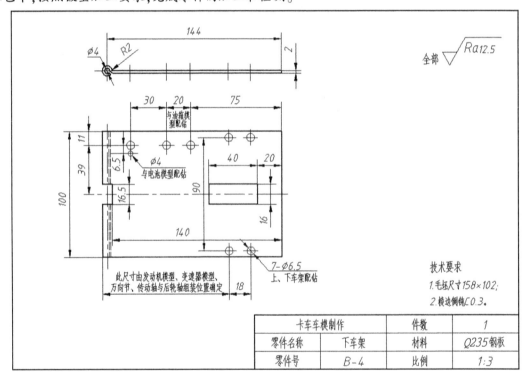

图2-19　下车架零件图

▷ **任务目标**

1. 在教师的指导下，能正确分析下车架零件图，初步分析其钣金工艺。
2. 在教师的指导下，能正确使用錾子进行錾削加工。
3. 在教师的指导下，能使用台虎钳进行卷边加工及检测。

建议完成本教学任务为6学时。

项目二 以钣金为主的车模零件制作

学习准备

一、錾削基本知识

錾削是用手锤打击錾子对金属工件进行切削加工的方法,是钳工工作中一项较重要的基本操作。錾削主要用于不便机械加工场合,工作范围包括去除凸缘、毛刺、分割材料、錾油槽等,有时也作较小的表面粗加工。

1. 錾削工具

(1)錾子,见表 2-10。

錾子的种类与用途   表 2-10

名 称	图 形	用 途
扁錾 (扁铲)	錾削较硬材料时:$\beta = 60° \sim 70°$; 錾削中等硬度材料时:$\beta = 50° \sim 60°$; 錾削较软材料时:$\beta = 30° \sim 50°$	用以錾切平面、铸件毛边和分割细或薄的材料
狭錾 (尖錾)		用以錾槽和分割曲线形板料
油槽錾		用来錾削润滑油槽

(2)手锤。手锤(榔头)是钳工的重要工具,錾削和装拆零件都必须用手锤来敲击。手锤由锤头和木柄两部分组成,锤头的质量大小用来表示手锤的规格,有 0.5 磅、1 磅和 1.5 磅等几种(米制用 0.25kg、0.5kg 和 1kg 等表示)。锤头用 T7 钢制成,并经淬硬处理。木柄选用比较坚固的木材制成,如植木等,常用的 1.5 磅手锤的柄长为 350mm 左右。

2. 錾削方法

錾削平面:用扁錾每次錾切掉材料厚度为 0.5~2mm。起錾可在工件中部或两端进行,起錾后要把切削角度调整到能顺利地錾掉厚度均匀的材料,并在錾削中尽力保持这个切削角度,已得到光滑平整的表面,每次錾削快到尽头时,应从另一头錾掉余下部分,以免材料被撕裂。錾削平面的方法如图 2-20 所示。

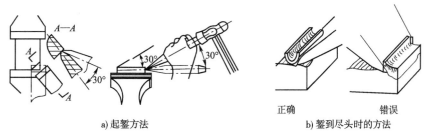

a) 起錾方法　　　　　　　b) 錾到尽头时的方法

图 2-20 錾削平面的方法

小词典　　　　　錾切的安全要点

为了保证錾切工作的安全,操作时应注意以下几方面:

(1)錾切时不要对着人,以免錾下的碎屑飞出伤人。操作者必要时可戴上防护眼镜;

(2)錾子头部有明显的毛刺时,要及时磨掉,避免碎裂伤手;

(3)錾子要经常刃磨锋利。过钝的錾子不但工作费力,錾出的表面不平整,而且容易产生打滑,而引起手部划伤的事故;

(4)发现手锤木柄有松动或损坏时,要立即装牢或更换,以免锤头脱落飞出伤人;

(5)錾子头部、手锤头部和手锤木柄都不应沾油,以防滑出。

二、剪板加工

1.手动剪板机工作原理

手动剪板机是专门为加工金属薄板而设计,手动剪板机机构形式为上刀和下刀剪刀式,人力手工操作,运用冲压力机剪切板料。手动剪板机结构紧凑,操作维修方便,节能省耗,是薄板剪切企业最理想的工具(图2-21)。

2.手动剪板机的应用

手动剪板机机体是钢板焊接而成,特点:剪切范围为0.2～2.5mm各种金属板料、各种钢丝网、各种铁丝、线材等。加工刀口材质是65Mn,硬度为HR55。冲剪力大,落刀同步,受力均匀,用力轻松,可横直两剪。

3.手动剪板机性能

手动剪板机可装定位靠板,手动剪板机机架部分选用优质低碳钢,刀具部分选用优质工具钢,采用先进工艺制造,其结构简单、造型美观、使用方便、一机多用,既可剪切钢板,又可切割钢筋,广泛适用于钣金、建筑、五金、维修等行业,是理想的手动切割工具。

4.手动剪板机特点

(1)冲剪力大,落刀同步,受力均匀,用力轻松,可横直两剪。
(2)可装定位靠板,使精度更准确,变形少,低损耗,高效益。
(3)是用于成型、修边最为理想的剪切工具。

三、银钢支基本知识

银钢支(图2-22)是应用于自动化设备装配或用作模具粗加工材料的圆形钢棒。整体外观呈银白色,精准度高,直线度高,便于各种装配与加工的使用。

图2-21　手动小型剪板机

图2-22　银钢支

项目二 以钣金为主的车模零件制作

任务实施

1. 分析零件图

读图2-19下车架零件图可知,该零件的材料为镀锌铁皮板,毛坯尺寸为158mm×102mm。

该零件有4处孔加工,需在装配时进行钻孔加工;具有传动轴装配槽,使用錾削进行薄板操加工。

表面粗糙度全部为 $Ra3.2\mu m$。

该零件加工内容有剪削、折弯加工,使用的工量具有:手锤、錾子、加力扳手及麻花钻;量具有钢直尺和游标卡尺。

2. 读懂工艺卡

表2-11是下车架加工工艺卡,图2-23所示为开料尺寸示意图。156mm尺寸包含卷边折弯预留值,开料时注意控制毛坯尺寸。

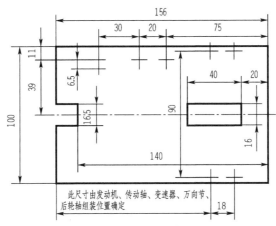

图2-23 下车架开料图

备注:由于尺寸精度要求不高,可采用钢直尺进行划线。

下车架加工工艺卡　　　　　　　　　　　　　　　　表2-11

(企业名称)			机械加工工艺卡			产品名称		卡车车模		图号	B-4
						零件名称		下车架		共1页	第1页
材料	镀锌铁皮	毛坯种类	板料	毛坯尺寸	158mm×102mm	毛坯件数	1	每台件数	1	备注	
工序	工种	工步	工序内容		车间	工段	设备	工艺装备			工时
								夹具	刀具	量具	准终　单件
1	钳　机加工	(1)	划线,保证毛坯尺寸,使用手动小型剪板机,进行加工					台虎钳		钢直尺 游标卡尺	
		(2)	使用加力扳手装夹工件								
		(3)	钻孔加工 $\phi 6.5^{+0.04}_{+0.02}$ mm通孔				台钻		$\phi 6.5$mm 麻花钻		
2	钳	(1)	工件使用台虎钳装夹,使用錾子手动錾削加工传动轴装配槽与卷边开口部分								
		(2)	配合银钢支进行折弯及卷边								
3			清毛刺,检测								
						设计(日期)	校对(日期)	审核(日期)	标准化(日期)	会签(日期)	
标记	处数	更改文件号	签字	日期							

27

3. 准备加工

根据工艺卡的要求准备工装夹具,到仓库领取材料、刀具、量具等生产资料(表2-12)。

4. 操作加工

根据工艺卡对应的工序和工步内容,装夹工件,加工工件。

1)装夹工件

工件的装夹应保证有足够位置进行錾削加工,如图2-24所示。

生产资料表　　　表2-12

序号	项目	名称、规格、数量等
1	材料	镀锌铁皮板、银钢支
2	刀具	$\phi6.5mm$麻花钻、錾子
3	量具	钢直尺、游标卡尺、表面粗糙度样板
4	其他	样冲、手锤、安全护具等

图2-24　装夹工件

2)加工工件

根据表2-13下车架工步内容描述,完成下车架加工工艺卡第1~3工序的加工内容。

下车架加工步骤　　　表2-13

加工完成图	工步内容描述	操作示意图
	使用钢直尺划线定位,根据工件尺寸使用小型剪板机进行剪切	
	台虎钳装夹工件,上端伸出约500mm,錾削槽划线对齐台虎钳 (1)錾削传动轴装配槽 (2)按槽四边依次錾削 (3)使用手锤敲平,再使用锉刀修整	
	台虎钳装夹工件,上端伸出约20mm,錾削槽划线对齐台虎钳 (1)錾削开口槽 (2)按槽三边依次錾削 (3)使用手锤敲平,再使用锉刀修整	

续上表

加工完成图	工步内容描述	操作示意图
—	使用加力扳手装夹工件进行孔加工,注意孔心定位精度	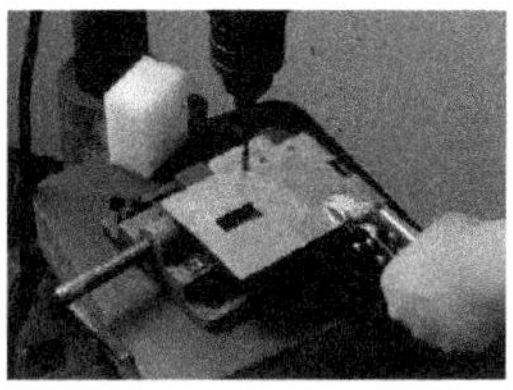
 	使用台虎钳进行装夹。 (1)使用银钢支进行调整 (2)使用手锤适当敲打镀锌铁皮,使镀锌铁皮上产生冲压印 (3)松开台虎钳,掉头装夹,适当调整银钢支位置 (4)使用手锤敲打,折弯 (5)利用台虎钳钳口凹槽,继续使用手锤折弯 (6)使用台虎钳夹紧折弯部分 (7)使用手压镀锌铁皮,并使用手锤敲打,现冲压印即可 (8)另一边加工方式一致	      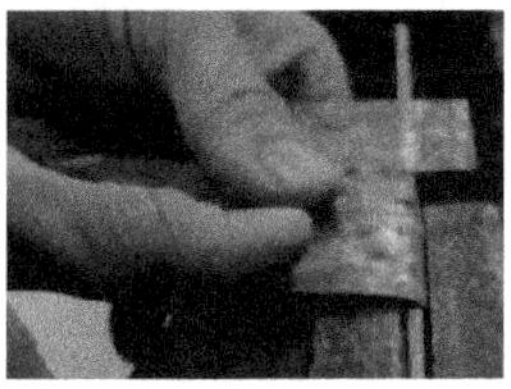

项目二　以钣金为主的车模零件制作

任务评价

回顾本任务的学习,你是否能做到:

(1)能否正确读懂图2-19下车架零件图图样,并正确分析其加工工艺?
(2)能否正确使用錾子进行錾削开槽?
(3)根据下车架零件图的技术要求对工件进行综合检测并填写表2-14。

综合检测表(未注公差的尺寸按 GB/T 1804-m 检验)(单位:mm)　　　表2-14

检测项目	检测内容	自检	小组检	质检	结　果
长度144	IT(偏差±0.2)				
宽度90	IT				
圆角 R2	4处				合格(　)
通孔 φ6.5	IT				不合格(　)
传动轴装配槽	40×16				
倒钝	锐边倒钝				
表面粗糙度 Ra3.2μm	合格/不合格				
缺陷	有无碰伤、残留				

(4)完成生产任务后,能否做好场地和设备的整理、清洁、维护等日常工作?

任务4　上车架的加工

⇨ 任务描述

本任务加工上车架,零件图如图2-25所示,主要学习剪削、錾削、折弯加工。请依据图样和工艺卡,按照钣金加工要求,完成零件的加工和检测。

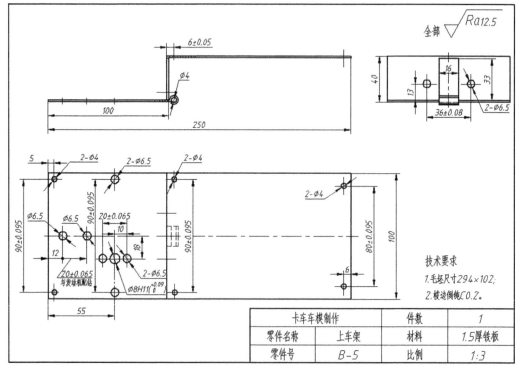

图2-25　上车架零件图

项目二 以钣金为主的车模零件制作

➡ **任务目标**
1. 在教师的指导下,能正确分析上车架零件图,初步分析其钣金工艺。
2. 在教师的指导下,能正确使用錾子进行錾削加工。
3. 在教师的指导下,能使用台虎钳进行卷边加工及检测。
建议完成本教学任务为 6 学时。

学习准备

上车架加工的知识点为剪、折弯和卷边,请参考任务 1 至任务 3。

任务实施

1. 分析零件图

读图 2-24 上车架零件图可知,该零件的材料为镀锌铁皮,毛坯尺寸为 294mm×102mm。

该零件有一连接槽;$\phi 4$ 通孔加工有 6 处;$\phi 6.5$ 通孔加工有 4 处;$\phi 8$ 通孔加工有 4 处;工件为垂直折弯加工。

表面粗糙度全部为 $Ra3.2\mu m$。

该零件加工内容有剪削、折弯加工,使用的工具有:手锤、錾子、加力扳手及麻花钻;量具有钢直尺和游标卡尺。

2. 读懂工艺卡

上车架开料尺寸示意图如图 2-26 所示。上车架加工工艺卡见表 2-15。

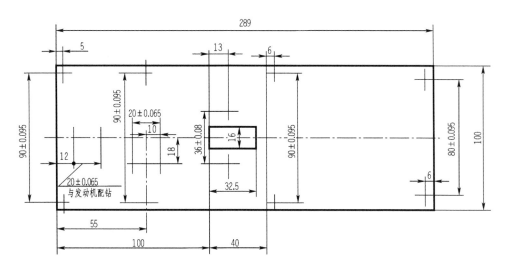

图 2-26 上车架开料图

3. 准备加工

根据工艺卡的要求准备工装夹具,到仓库领取材料、刀具、量具等生产资料(表 2-16)。

上车架加工工艺卡　　　　　　　　　　　　　　　　　　　　　　　　　　　　　　　　　表 2-15

（企业名称）			机械加工工艺卡			产品名称		卡车车模		图号	B-5
						零件名称		上车架		共1页	第1页
材料	镀锌铁皮	毛坯种类	板料	毛坯尺寸	294mm×102mm	毛坯件数	1	每台件数	1	备注	
工序	工种	工步	工序内容		车间	工段	设备	工艺装备		工时	
								夹具	刀具	量具	准终　单件
1	钳机加工	(1)	划线,保证毛坯尺寸,使用手动小型剪板机,进行加工				台钻	台虎钳	麻花钻	钢直尺 游标卡尺	
		(2)	使用加力扳手装夹工件								
		(3)	钻孔加工 φ4mm、φ6.5mm、φ8mm 通孔								
2	钳	(1)	工件使用台虎钳装夹,使用錾子手动錾削加工传动轴装配槽与卷边开口部分								
		(2)	配合银钢支进行折弯及卷边								
3			清毛刺,检测								
					设计(日期)	校对(日期)	审核(日期)	标准化(日期)		会签(日期)	
标记	处数	更改文件号	签字	日期							

生产资料表　　　　　　　　　　　　　　　　　　　　　　　　　　　　　　　　　　　表 2-16

序号	项目	名称、规格、数量等	序号	项目	名称、规格、数量等
1	材料	镀锌铁皮	3	量具	钢直尺、游标卡尺、表面粗糙度样板
2	刀具	φ4mm、φ6.5mm、φ8mm 麻花钻、錾子	4	其他	样冲、手锤、安全护具等

4. 操作加工

根据工艺卡对应的工序和工步内容,装夹工件,加工工件。

1）装夹工件

工件的装夹应保证有足够位置进行錾削加工。

2）加工工件

根据表 2-17 下车架工步内容描述,完成下车架加工工艺卡第 1～3 工序的加工内容。

上车架加工步骤　　　　　　　　　　　　　　　　　　　　　　　　　　　　　　　　　表 2-17

工艺草图	工步内容描述	操作示意图
（图）	使用钢直尺划线定位,根据工件尺寸使用小型剪板机进行剪切;使用锉刀加工成 289mm×100mm,并去毛刺。	（图）
—	划线确定孔加工位置。使用加力扳手装夹工件,钻孔加工 φ4mm、φ6.5mm、φ8mm 通孔	（图）

项目二 以钣金为主的车模零件制作

续上表

工 艺 草 图	工步内容描述	操作示意图
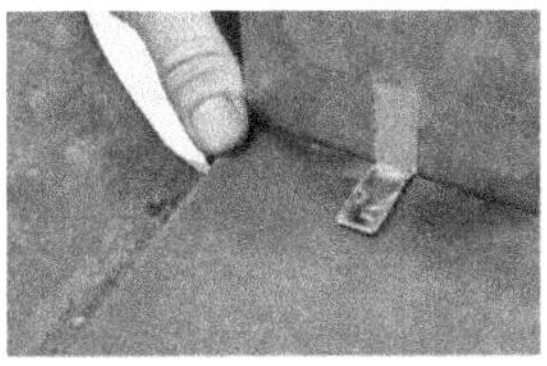	台虎钳装夹工件,上端伸出50mm,錾削槽划线对齐台虎钳 (1) 錾削传动轴装配槽 (2) 按槽三边依次錾削 (3) 使用手锤敲平,并使用锉刀修整	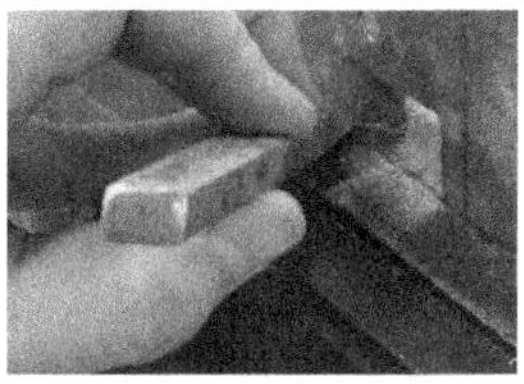
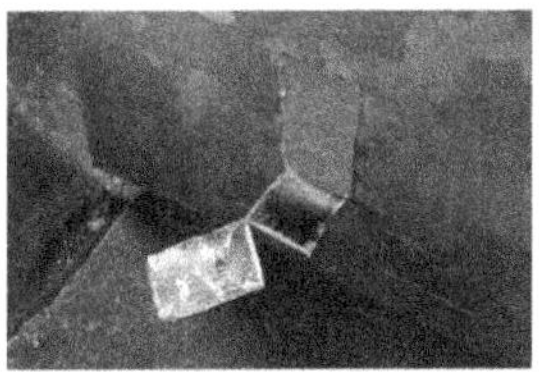	工件平放,使用錾子将槽连接位置錾断	
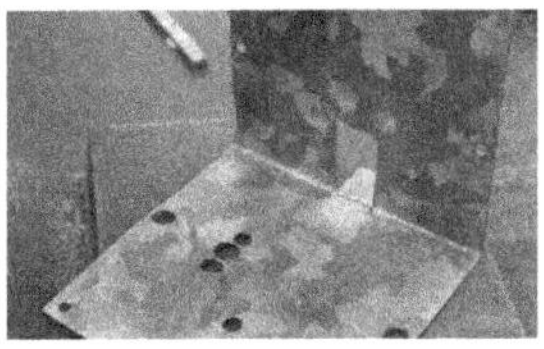	台虎钳装夹工件,折弯划线对齐台虎钳 (1) 根据划线进行折弯加工 (2) 使用手锤敲平,再使用锉刀修整	
	上车架与下车架连接 (1) 台虎钳夹紧工件 (2) 使用银钢支辅助折弯 (3) 使用薄铁零件修整折弯部分 (4) 连接下车架 (5) 主体部分按上一任务方式进行折弯90°	    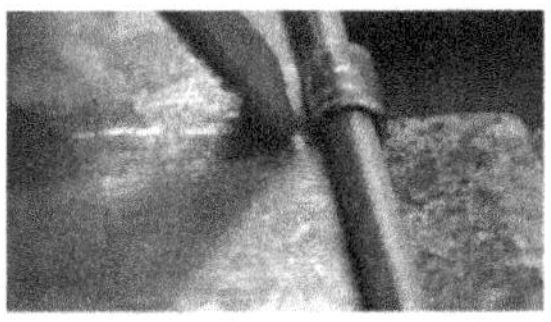 

任务评价

回顾本任务的学习,你是否能做到:

(1)能否正确读懂图 2-25 上车架零件图图样,并正确分析其加工工艺。

(2)根据上车架零件图的技术要求对工件进行综合检测并填写表 2-18。

综合检测表(未注公差的尺寸按 GB/T 1804-m 检验)(单位:mm) 表 2-18

检测项目	检测内容	自检	小组检	质检	结　果
长度 250,宽度 100	IT(偏差±0.2)				
φ4 通孔	4 处				
φ6.5 通孔	IT				合格(　)
φ8 通孔	IT				不合格(　)
连接槽	35×16				
倒钝	锐边倒钝				
表面粗糙度 Ra3.2μm	合格/不合格				
缺陷	有无碰伤、残留				

(3)完成生产任务后能否做好场地和设备的整理、清洁、维护等日常工作?

任务 5　驾驶室的加工

⇨ 任务描述

本任务加工驾驶室,零件图如图 2-27 所示,主要学习剪削、錾削、折弯加工。请依据图样和工艺卡,按照钣金加工要求,完成零件的加工和检测。

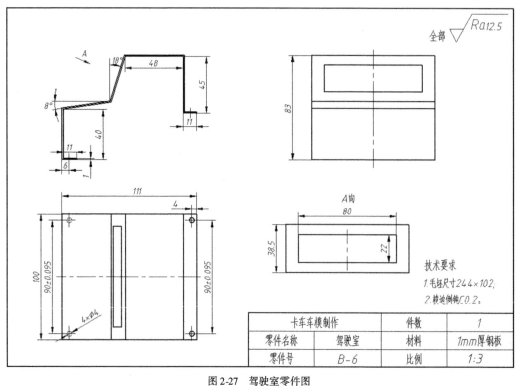

图 2-27　驾驶室零件图

> **任务目标**
> 1. 在教师的指导下，能正确分析驾驶室零件图，初步分析其钣金工艺。
> 2. 在教师的指导下，能正确使用角度尺进行折弯角度的控制。
> **建议完成本教学任务为 8 学时。**

学习准备

(1) 角度尺使用说明，如图 2-28 所示。
(2) 简易角度尺细节展示，如图 2-29 所示。

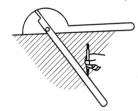
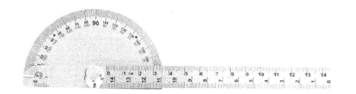

* 测量角度，测量器与需测量的物品紧密贴合，把半圆与手柄底部交接，这样就能量到你想要的度数。

图 2-28 角度尺使用说明　　　　图 2-29 角度尺细节展示

任务实施

1. 分析零件图

读图 2-27 驾驶室零件图可知，该零件的材料为镀锌铁皮，毛坯尺寸为 244mm×102mm。

该零件有一窗口式槽；ϕ4mm 通孔加工有 4 处；工件为折弯角度加工。

表面粗糙度全部为 $Ra3.2\mu m$。

该零件加工内容有剪削、折弯加工，使用的工具有：手锤，錾子，加力扳手及麻花钻；量具有钢直尺和游标卡尺。

2. 读懂工艺卡

驾驶室开料尺寸示意图如图 2-30 所示。驾驶室加工工艺卡见表 2-19。

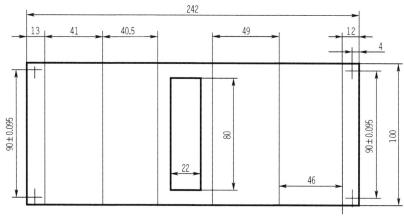

图 2-30 驾驶室开料图

驾驶室加工工艺卡   表2-19

(企业名称)			机械加工工艺卡			产品名称	卡车车模	图号	B-6
						零件名称	驾驶室	共1页	第1页
材料	镀锌铁皮		毛坯种类	板料	毛坯尺寸	244mm×102mm	毛坯件数	1	每台件数	1	备注	
工序	工种	工步	工序内容			车间	工段	设备	工艺装备			工时	
									夹具	刀具	量具	准终	单件
1	钳 机加工	(1)	划线,保证毛坯尺寸,使用手动小型剪板机,进行加工					台钻	台虎钳	φ4mm麻花钻	钢直尺 游标卡尺		
		(2)	使用加力扳手装夹工件										
		(3)	钻孔加工φ4mm通孔										
2	钳	(1)	工件使用台虎钳装夹,使用錾子手动錾削加工开口部分										
3			清毛刺,检测										
						设计(日期)	校对(日期)		审核(日期)	标准化(日期)	会签(日期)		
标记	处数	更改文件号	签字	日期									

3. 加工准备

根据工艺卡的要求准备工装夹具,到仓库领取材料、刀具、量具等生产资料表2-20。

生产资料表   表2-20

序号	项目	名称、规格、数量等	序号	项目	名称、规格、数量等
1	材料	镀锌铁皮	3	量具	钢直尺、游标卡尺、表面粗糙度样板
2	刀具	φ4mm麻花钻、錾子	4	其他	样冲、手锤、安全护具等

4. 操作加工

根据工艺卡对应的工序和工步内容,装夹工件,加工工件。

1)装夹工件

工件使用台虎钳进行装夹。

2)加工工件

根据表2-21驾驶室工步内容描述,完成驾驶室加工工艺卡第1~3工序的加工内容。

驾驶室加工步骤   表2-21

工艺草图	工步内容描述	操作示意图
	使用钢直尺划线定位,根据工件尺寸使用小型剪板机进行剪切;使用锉刀加工成242mm×100mm,并去毛刺	
	划线确定孔加工位置。使用加力扳手装夹工件,钻孔加工φ4mm通孔	

续上表

工艺草图	工步内容描述	操作示意图
	台虎钳装夹工件,上端伸出50mm,錾削槽划线对齐台虎钳 (1)錾削驾驶室窗口槽 (2)按槽三边依次錾削 (3)使用手锤敲平,并使用锉刀修整	
	台虎钳装夹工件,并使用直角尺将工件矫正。 (1)折弯(注意驾驶室方向) (2)使用辅助垫块进行修整	
	(1)使用简易角度尺测量角度,根据测量数值,适度调整折弯角度 (2)辅助装夹 (3)加工	

任务评价

回顾本任务的学习,你是否能做到:
(1)能否正确读懂图2-27驾驶室零件图图样,并正确分析其加工工艺?

(2)根据驾驶室零件图的技术要求对工件进行综合检测并填写表 2-22。

综合检测表（未注公差的尺寸按 GB/T 1804-m 检验）（单位：mm） 表 2-22

检测项目	检测内容	自检	小组检	质检	结　果
长度 192 宽度 52	IT（偏差 ±0.2）				合格（　　）
φ4mm 通孔	4 处				
卡车车模车床槽	35×16				
倒钝	锐边倒钝				不合格（　　）
表面粗糙度 Ra3.2μm	合格/不合格				
缺陷	有无碰伤、残留				

(3)完成生产任务后能否做好场地和设备的整理、清洁、维护等日常工作？

任务 6　车箱的加工

➡ **任务描述**

本任务加工车箱，零件图如图 2-31 所示，主要学习使用靠模进行咬缝加工。请依据图样和工艺卡，按照钣金加工要求，完成零件的加工和检测。

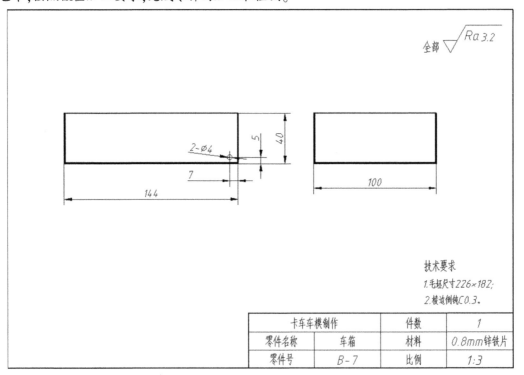

图 2-31　车箱零件图

➡ **任务目标**

1. 在教师的指导下，能正确分析车箱零件图，初步分析其钣金工艺。
2. 在教师的指导下，能正确使用靠模进行折弯加工。

建议完成本教学任务为 6 学时。

学习准备

咬缝的种类和应用。咬缝——把两块板料的边缘或一块板料的两边折转扣合、彼此压紧的连接方式,称为咬缝。

按结构分有挂扣、单扣、双扣等;按形式分有站扣和卧扣;按位置分有纵扣和横扣,如图 2-32 所示。

图 2-32 咬缝的种类

注意: 确定折弯的先后顺序,咬缝一般规律是先内后外,先小后大,先特殊后普通。

任务实施

1. 分析零件图

读图 2-30 车箱零件图可知,该零件的材料为镀锌铁皮,毛坯尺寸为 226mm×182mm。

该零件为折弯角度加工。

表面粗糙度全部为 $Ra3.2\mu m$。

该零件加工内容有剪削、折弯加工,使用的工具有:手锤,錾子,加力扳手及麻花钻;量具有钢直尺和游标卡尺。

2. 读懂工艺卡

表 2-23 是车箱加工工艺卡,图 2-33 为开料尺寸示意图。

226mm×182mm 尺寸包含咬缝折弯预留值,开料时注意控制该毛坯尺寸。

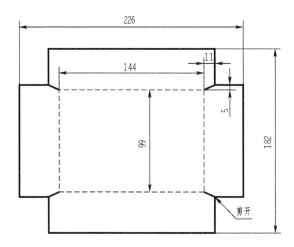

图 2-33 车箱开料图

备注: 由于尺寸精度要求不高,可采用钢直尺进行划线。

车箱加工工艺卡 表2-23

(企业名称)			机械加工工艺卡				产品名称	卡车车模	图号	B-7
							零件名称	车箱	共1页	第1页
材料	镀锌铁皮		毛坯种类	板料	毛坯尺寸	226mm×182mm	毛坯件数	1	每台件数	1	备注	
工序	工种	工步	工序内容			车间	工段	设备	工艺装备			工时	
									夹具	刀具	量具	准终	单件
1	钳	(1)	划线,保证毛坯尺寸,使用手动小型剪板机,进行加工					台钻	台虎钳	φ4mm麻花钻	钢直尺 游标卡尺		
	机加工	(2)	使用加力扳手装夹工件										
		(3)	钻孔加工φ4mm通孔										
2	钳	(1)	工件使用台虎钳装夹,使用手锤,进行咬缝折弯加工										
3			清毛刺,检测										
						设计(日期)	校对(日期)	审核(日期)	标准化(日期)		会签(日期)		
标记	处数	更改文件号	签字	日期									

3. 准备加工

根据工艺卡的要求准备工装夹具,到仓库领取材料、刀具、量具等生产资料(表2-24)。

生产资料表 表2-24

序号	项目	名称、规格、数量等	序号	项目	名称、规格、数量等
1	材料	镀锌铁皮	3	量具	钢直尺、游标卡尺、表面粗糙度样板
2	刀具	φ4mm麻花钻	4	其他	样冲、手锤、安全护具等

4. 操作加工

根据表2-25下车架工步内容描述,完成车箱加工工艺卡第1~3工序的加工内容。

驾驶室加工步骤 表2-25

工艺草图	工步内容描述	操作示意图
	涂上模具划线水。使用钢直尺划线定位,根据工件尺寸使用小型剪板机进行剪切;使用锉刀加工成226mm×182mm,并去毛刺	

续上表

工 艺 草 图	工步内容描述	操作示意图
—	划线确定孔加工位置。使用加力扳手装夹工件，钻孔加工 φ4mm 通孔	
	台虎钳装夹工件较短一边 (1) 使用直角尺校正工件 (2) 使用手锤敲弯	
	台虎钳装夹工件较长一边 (1) 使用直角尺校正工件 (2) 使用手锤敲弯	
	台虎钳装夹工件较短一边 (1) 使用直角尺校正工件 (2) 使用手锤敲弯咬缝部分	

续上表

工艺草图	工步内容描述	操作示意图
	台虎钳装夹工件,并使用靠模进行辅助加工 (1)折弯(注意对齐划线) (2)靠模与工件一同装夹,使用手锤折弯工件两边。注意不能夹伤工件	
	台虎钳装夹工件,装夹长边部分 (1)折弯咬缝部分(注意对齐划线),使咬缝较长部分先折弯90° (2)折弯时,适当调整手锤敲打方向,保证咬缝短边部分正确咬合 (3)分别安装四次,使用手锤折弯咬缝部分。注意不能夹伤工件。完成加工	

任务评价

回顾本任务的学习,你是否能做到:

(1)能否正确读懂图2-31车箱零件图图样,并正确分析其加工工艺?

(2)根据车箱零件图的技术要求对工件进行综合检测并填写表2-26。

综合检测表(未注公差的尺寸按GB/T 1804-m检验)(单位:mm)　　表2-26

检 测 项 目	检测内容	自检	小组检	质检	结　果
长度144,宽度100	IT(偏差±0.2)				合格(　) 不合格(　)
ϕ4mm通孔外形	2处				
ϕ4mm通孔位置	7与5				
倒钝	锐边倒钝				
表面粗糙度Ra3.2μm	合格/不合格				
缺陷	有无碰伤、残留				

(3)完成生产任务后能否做好场地和设备的整理、清洁、维护等日常工作?

项目三 以普通车削为主的车模零件制作

 项目描述

卡车车模里传动轴、车轮等零件属于回转类零件,主要用普通车削的方法加工,辅以普通铣削、钻削等方法。

本项目学习内容:普通车床的基本操作练习、阶梯轴的加工练习、以普通车削为主的车模零件加工,按由易到难的顺序进行,共分8个任务,安排如下:

(1)普通车床的基本操作练习。
(2)阶梯轴的加工练习[图3-1a)]。
(3)转向轴的加工[图3-1b)]。
(4)后轮轴的加工[图3-1c)]。
(5)转向轴定位座的加工[图3-1d)]。
(6)车轮的加工[图3-1e)]。
(7)变速器模型的加工[图3-1f)]。
(8)传动轴的加工[图3-1g)]。

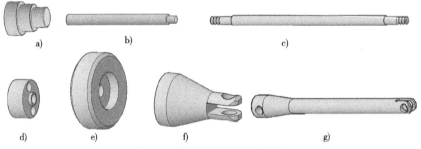

图3-1 以普通车削为主的车模零件

 项目目标

1.能独立叙述普通车床各组成部分的名称及作用,能在10min内独立完成车床的三项基本操作。

2.在教师的指导下,能正确选用和刃磨外圆车刀用于加工阶梯轴及车模零件;能够认识并正确使用内孔刀。

3.在教师的指导下,能初步分析车模零件图和车削工艺,并能逐步自主制定零件的车削工艺。

4.在教师的指导下,能按照实训要求正确操作普通车床,完成阶梯轴以及以普通车削为主的车模零件的加工及检测。

建议完成本教学任务为48学时。

项目三　以普通车削为主的车模零件制作

任务1　普通车床的基本操作练习

⇨ **任务描述**

本任务学习普通车床相关基础知识，进行普通车床的基本操作练习，为加工以普通车削为主的卡车车模零件打下基础。

⇨ **任务目标**

1. 能独立叙述普通车床各组成部分的名称及作用。
2. 能在3min内独立完成车床的主轴启动与停止；根据给定的任何两个主轴转速对机床的主轴转速进行调整并启动和停止；
3. 能在7min内独立完成车床的进给运动操作；根据给定的任何两个进给量及任何一个进给方向对刀架的进给情况进行调整并启动和停止；根据给定的刀架某个方向的位移量确定溜板箱上手柄的旋转格数并手动进给至正确位置。

建议完成本教学任务为8学时。

学习准备

一、车间安全及管理

进入车间作业，首先应遵守以下几点车间安全及管理的规定。

车床安全操作规程及车间管理1——进入车间

（1）穿戴好工作服、工作帽（长发压入帽内）、防护鞋，禁止穿拖鞋、凉鞋、短裤、裙子进入车间，禁止戴手链、项链等首饰。

（2）不得在车间追逐打闹，防止碰撞，不得做与实习无关的事。

（3）工作场地周围应保持清洁整齐，避免杂物堆放，防止绊倒。

二、车削与普通车床基本认识

1. 车削概述

车削是工件旋转作主运动、车刀作进给运动的切削加工方法。车削的运动由车床提供，车床有普通车床和数控车床，在普通车床上进行的加工称为普通车削。

随着现代科技广泛应用于生产，普通车床的加工范围在逐渐缩小，但仍有其优越性。本教材普通车床加工的主要内容是用90°外圆车刀车外圆柱面、用45°外圆车刀车端面和外圆锥面、用车槽刀车槽以及用中心钻钻中心孔、用钻头钻孔、用内孔刀扩孔等，如图3-2所示。

在车削运动中，主运动是主轴带动工件的旋转运动，进给运动是刀具作纵向、横向移动，而刀具移动进给的轨迹形成了零件的表面轮廓。零件表面轮廓的质量由切削用量和刀具等因素同时决定。

切削用量包括切削速度、进给量和切削深度，又称切削三要素。

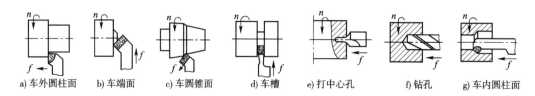

图 3-2 本项目普通车削内容

1）切削速度 n

车床上的切削速度一般指主轴转速，单位为 r/min。例如，工件转速为 560r/min，则表示主轴每分钟转 560 圈。

2）进给量 f

车削时，进给量为主轴每转一圈刀具沿进给方向所移动的距离，单位为 mm/r。例如，进给量为 0.2mm/r，则表示主轴每转一圈，刀具移动 0.2mm。

3）背吃刀量 a_p

背吃刀量又称切削深度，是指被切出的铁屑的厚度。

2. 普通车床的型号

本教材车削加工以型号为 C6132A 的普通车床作为加工设备，型号的含义为：

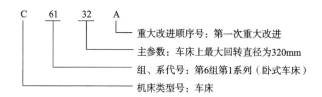

3. 普通车床的结构

C6132A 型卧式车床如图 3-3 所示，车床各组成部分及功能见表 3-1。

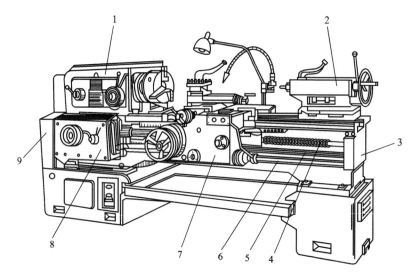

图 3-3 C6132A 型卧式车床

1-主轴箱；2-尾座；3-床身导轨；4-丝杠；5-光杠；6-操纵杆；7-床鞍（床鞍上装有溜板箱、中滑板、小滑板、刀架）；8-进给箱；9-挂轮箱

车床各组成部分及功能　　　　　　　　　　　　　　　　　　　　　　　　表 3-1

名称	功能或作用	名称	功能或作用
床身	支撑和连接车床的各个部件,并保证各部件在工作时有准确的相对位置	主轴箱	支撑并传动主轴带动工件作旋转主运动,可实现主轴有级调速
挂轮箱（交换齿轮箱）	将主轴回转运动传递给进给箱,可改变进给量或车螺纹时的螺距	进给箱	把挂轮箱的回转运动传递给丝杠或光杠,可实现进给量的调整
丝杠	把进给箱的运动传递给床鞍,实现螺纹车削	光杠	把进给箱的运动传递给床鞍,实现机动进给运动
溜板箱	接受光杠或丝杠传递的运动,驱动床鞍和中、小滑板及刀架实现车刀的机动进给运动;也可直接转动其上的手柄实现手动进给运动	刀架	安装车刀并带动车刀作进给运动
卡盘	装夹工件	尾座	安装后顶尖、钻头或铰刀等

另外,由于工件装夹和加工工艺要求,加工卡车车模零件时,还需用到三爪自定心卡盘和活动顶尖等附件,如图 3-4 所示。

a) 三爪自定心卡盘　　　　　b) 活动顶尖

图 3-4　车床常用的两种附件

任务实施

一、车间安全及管理

开始操作机床之前,请再次检查是否按"车间安全及管理——进入车间"的要求做好,同时在操作机床时还应熟记以下安全及管理规定。

车床安全操作规程及车间管理 2——车床基本操作

(1) 开机前检查机床运动部位和各种开关是否安全可靠,床面上不准堆放任何物件。
(2) 操作车床时禁止戴手套。
(3) 必须集中注意力,保证手、身体和衣服不能靠近正在旋转的机件。
(4) 有事离开机床前要先关机。
(5) 不要随意拆装电气设备,以免发生触电事故。
(6) 工作中如发生异常情况,应马上关机,并报告班组长(指导老师)。
(7) 工作结束后,要先关闭电源,再清扫车间。

二、普通车床的基本操作练习

1. 主轴的变速与启动操作练习

车床主轴的变速是通过调节主轴箱正面的主轴变速手柄(A、B 手柄)和电动机的高/低速开关来实现的,主轴的启动由操控杆上的正/反转手柄控制,如图 3-5 所示。

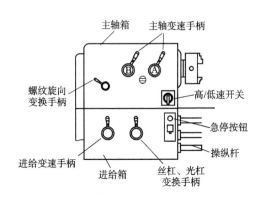 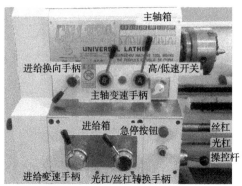

图 3-5　主轴箱与进给箱

车床的主轴变速手柄,其中 A 手柄有三个挡位,B 手柄有两个挡位,共有 6 种不同的组合,再配合主电动机的高/低转速(由高/低速开关控制),共可输出 12 级转速,如图 3-6 所示。

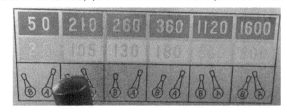

图 3-6　主轴变速调配表

⚠ **警告**　主轴在运转时不得变速,否则会引发安全事故!

请按照表 3-2 中操作说明完成主轴的变速与启动操作练习。

主轴的变速与启动操作练习　　　　　　　表 3-2

(1)开机、变速操作练习。 打开车床电源,在确认停车状态下,将电动机高低速转换开关转到低速位置(黄色),按下图示调整主变速手柄 A、B 的位置,旋起急停按钮。
(2)主轴的启动与停止操作练习——扳动操纵杆手柄。 ①向上扳动手柄,如下图 a),此时主轴正转,转速为 25r/min,一般刚开机用这个速度让主轴空转 3min 预热。 ②扳动手柄回到中间位置,如下图 b),停顿约 10s,主轴停止。 ③向下扳动手柄,如下图 c),此时主轴反转。 ④手柄回到中间位置,如下图 b),停顿约 10s,主轴停止。    　　　a) 主轴正转　　　　　　　　b) 主轴停止　　　　　　　　c) 主轴反转

(3)高低速转换操作练习。 在确认停车状态下,将电动机高低速转换开关转到高速位置(蓝色),重复步骤(1)、(2)。	
(4)主轴其他速度的启动操作练习。 查调配表确定主轴转速分别为 210r/min、360r/min、180r/min、130r/min 时手柄的位置并调整到位,启动主轴与停止。	

 注意

(1)初学者切不可使用高转速,避免出意外。

(2)停机调速时,如果遇到调速手柄扳不动,可以用手稍稍转动卡盘或者把A手柄调到中位,然后再扳动手柄。此方法同样适用于进给量的调整操作。

(3)启动主轴操作时切不可连续转换操纵杆向上或向下,以防车床电路部分因瞬间电流过大而发生故障。

(4)当机床运转过程中主轴有转动不连贯,噪声很大或有撞击声音时,应立即停机,同时报给老师处理。

2.手动进给操作练习

图 3-7 所示是床鞍与溜板箱外部示意图,手动进给操作就是直接转动床鞍上的手柄带动刀架运动。

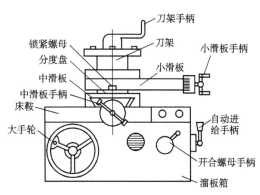

图 3-7 床鞍与溜板箱

请按表 3-3 中操作说明完成刀具的进给操作练习。

刀具的手动进给操作练习   表 3-3

(1)床鞍纵向运动操作练习。 ①顺时针转动大手轮——向右。 ②逆时针转动大手轮——向左。 大手轮上的刻度盘共等分了200格,每转动一格,刀架纵向移动0.5mm,转一圈为100mm。 练习:需床鞍向右移动5mm,则应顺时针转动大手轮使其转过10格。	

续上表

(2)中滑板横向运动操作练习。
①顺时针转动中手柄——向前。
②逆时针转动中手柄——向后。
中滑板上中手轮的刻度盘共等分了80格,每转动一格,刀架横向移动0.05mm,即直径变化量为0.1mm,转一圈为4mm。
练习:需中滑板向前移动0.5mm,即直径变化量为1mm,则应顺时针转动中手轮使其转过10格。为便于计算,通常先把刻度对准零线后再转动,如下图所示。

右手稳住中手柄不动,左手转动刻盘,使其对零线

(3)小滑板纵/斜向运动操作练习。
①顺时针转动小手柄。
②逆时针转动小手柄。
小滑板上小手轮上的刻度盘共等分了60格,每转动一格,刀架纵向移动0.05mm,转一圈为3mm。
练习:需小手轮向左移动0.5mm,则应顺时针转动小手轮使其转过10格。
③转动小滑板下的分度盘成25°,重复①②步操作。
小滑板分度盘不为0°时,刀架作纵向和横向综合进给运动,如下图所示为25°:

放大

a) 小滑板分度盘为25°时俯视图　　b) 分度盘刻度线25°与刀架刻线对齐

注意

由于丝杠和螺母间的配合存在间隙,滑板会产生空行程(表现为:丝杠已转动,而滑板并没立即移动),所以手动进给时如转过了所需刻度后,应将刻度盘反转到适当角度消除间隙后,再慢慢转至所需要刻度,切不可简单地直接退回,可按下图c)操作。

a) 要求刻度对0线,但多摇过三格　　b) 错误:直接退至0线　　c) 正确:反转半圈后,再转至0线

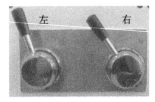

图3-8　进给量调整手柄

3. 进给量的调整与自动进给操作练习

自动进给前必须调整好进给速度与方向。

进给箱正面有两个手柄,如图3-8所示左侧是进给变速手柄,可前后两级调整,各有六个变速挡位,分别是A、B、C、D、E、F和1、2、3、4、5、6挡。右侧是丝杠/光杠变换手柄,也分两级,前级是光杠(S——非螺纹加工)和丝杠(M——螺纹加工)变换挡位;后级有Ⅰ、Ⅱ、Ⅲ、Ⅳ、Ⅴ共五个变速挡位,用来配

合变速手柄以调整螺距进给量或螺距。相应的字母与数字配成的进给量如图 3-9 所示。

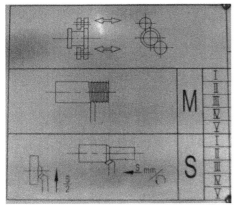

图 3-9 进给量调配表

主轴箱左侧的手柄是光杠或丝杠旋向的变换手柄,床鞍右侧有个自动进给换向手柄,与主轴旋向一起配合决定了的刀架移动的方向,各有三个挡位,图 3-10 所示均为中间停止挡位。

图 3-10 光杠或丝杠旋向变换手柄、自动进给换向手柄

请按照表 3-4 中操作说明完成进给量的调整操作练习。

进给量调整与自动进给操作练习 表 3-4

(1)手柄各挡位调整操作练习。

①左边手柄后级、前级调整。

a)后级调整练习——直接扳动手柄　　　　b)前级调整练习——需向外扳开手柄才能调整

②右边手柄后级、前级调整。

a)后级调整练习　　　　　　　　　　　　b)前级调整练习

续上表

③光杠或丝杠旋向变换手柄调整。

　　a)下挡位——右旋　　　　b)中挡位——停止　　　　c)上挡位——左旋

④自动进给换向手柄调整。

　　a)下挡位　　　　　　　b)中挡位停止　　　　　　c)上挡位

(2)非螺纹车削自动进给操作练习。

首先刀架要移到中间安全位置,避免自动进给时撞到机床部件
按以下步骤操作,并观察刀架的自动进给状况

①把光杠/丝杠变换挡位调到 S——光杠,查调配表确定进给量为 0.12mm 时手柄的位置并调整到位,把光杠或丝杠旋向变换手柄调整到下挡位,把主轴转速调为 50r/min,启动主轴正转,把自动进给换向手柄调整到下挡位,观察刀架运动;把自动进给换向手柄调整到中挡位,停车。

②把进给量调为 1.2mm,重复步骤①。

③把光杠或丝杠旋向变换手柄调整到中挡位,重复步骤①。

④把光杠或丝杠旋向变换手柄调整到上挡位,重复步骤①。

⑤重复步骤①,把自动进给换向手柄调整到下挡位。

⑥把主轴转速调为 260r/min,重复步骤①。

(3)螺纹车削自动进给操作(本卡车模型的普通车削内容无涉及车螺纹,略讲)。

注意

(1)主轴启动后,要把自动进给换向手柄调到非停止位,刀架才会自动进给。

(2)一定要记得先把自动进给换向手柄调到停止位,使自动进给停止,再停车,因为主轴停止的过程需要花一定时间,期间仍会带动刀架运动一定距离。

任务评价

(1)回顾本任务的学习,你是否能做到:

①是否做到车间安全及管理规定的要求?

②是否能独立叙述普通车床各组成部分的名称及作用？
③能否在3min内独立完成车床的主轴启动与停止？
④能否在7min内独立完成车床的进给运动操作？
（2）问答：
①什么叫车削？车削运动包括哪些？
②车床上的切削三要素是指什么？
（3）查一查：
①查找其他机床以及普通车床的其他类型并记下其型号与含义。
②查找其他机床的切削运动并找出主运动与进给运动分别是什么？

任务2　阶梯轴的加工练习

⇨ 任务描述

阶梯轴不属于卡车车模零件，但这是用于练习普通车床基本操作的典型零件，主要学习车端面和车外圆，通过加工此零件，能较快巩固并加强任务1的普通车床基本操作技能。

阶梯轴零件图如图3-11所示，请依据图样和工艺卡，按照普通车削要求，完成零件的加工和检测。

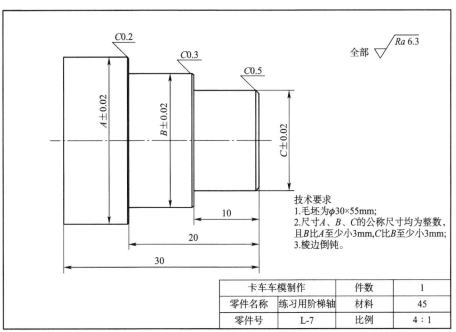

图3-11　阶梯轴零件图

⇨ 任务目标

1. 在教师的指导下，能正确分析阶梯轴零件图，初步分析其车削工艺。
2. 在教师的指导下，能正确刃磨外圆车刀、端面车刀用于加工阶梯轴。
3. 在教师的指导下，能按照实训要求正确操作普通车床，完成阶梯轴的加工及检测。

建议完成本教学任务为10学时。

学习准备

一、阶梯轴概述

轴按轴线形状不同,可分为直轴和曲轴两大类。直轴的轴线为直线,按其外形不同,又分为光轴和阶梯轴,光轴各处截面直径相等,阶梯轴的各处截面直径则不相等。如图3-11和图3-12所示均为阶梯轴。

二、车刀基本知识

1. 车刀的种类

常用的车刀可以根据车刀的用途、结构形式和材料不同来进行分类。在使用时要求根据加工工艺来进行选择。

1）按车刀用途分

如图3-12所示,图3-12a)所示为外圆车刀,1号为成形圆弧车刀,2号为尖刀,3号为90°外圆刀,4号为45°外圆刀（也可车端面或倒角）,5号为车槽（断）刀,6号为螺纹车刀；图3-12b)所示为内孔车刀。

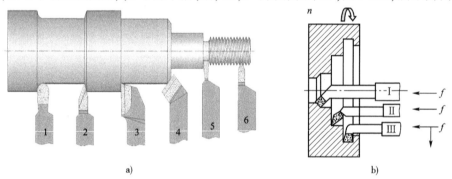

图3-12　常用车刀及其车削内容示意图

2）按车刀的结构形式分

常用车刀有整体式、焊接式和机夹式三种结构形式,图3-13所示为外圆车刀的三种形式：图3-13a)为整体式；图3-13b)为焊接式,使用前均需刃磨；图3-13c)为机夹式,使用前不需刃磨。其中焊接式和机夹式车刀是由刀体和刀头所组成的,刀体（刀杆）是用来将车刀夹固在刀架或刀座上的部分；刀头是参与切削的部分。

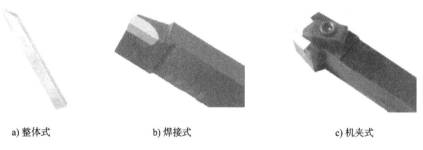

a) 整体式　　　　b) 焊接式　　　　c) 机夹式

图3-13　车刀的结构形式

3）按车刀切削部分的材料分

在此只介绍两种常用材料：高速钢、硬质合金。

如图3-13所示,图3-13a)为整体式高速钢（又称锋钢、白钢）车刀,常用牌号有W18Cr4V、W9Cr4V2

等,热处理后硬度可达 63~66HRC,热硬性温度为 550~600℃,切削速度较高;图 3-13c)为机夹式硬质合金车刀,其切削部分为硬质合金,常用牌号有 YG8、YT15、YW1 等,常温硬度达 60~64HRA,热硬性温度高达 900~1000℃,切削速度比高速工具钢高 4~7 倍,但韧性差,常制成小尺寸的刀片。

本教材选用整体式高速钢车刀,图 3-14 所示分别为外圆刀、切槽刀、内孔刀。

a) 外圆刀　　　　b) 切槽刀　　　　c) 内孔刀

图 3-14　整体式高速钢外圆刀、切槽刀、内孔刀

2. 车刀切削部分的组成

车刀切削部分的基本组成是"三面两刃一尖",以外圆车刀和切槽刀为例,如图 3-15 与图 3-16 所示。

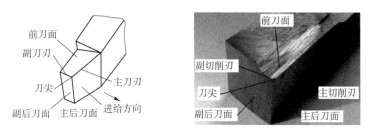

图 3-15　外圆车刀切削部分的组成

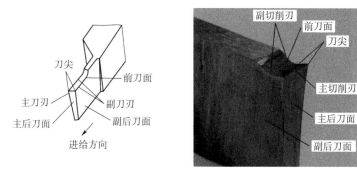

图 3-16　车槽刀(车断刀)切削部分的组成

（1）前刀面(前面):是切屑流经的表面。
（2）主后刀面(主后面):与工件切削表面(过渡表面)相对着的那个面。
（3）副后刀面(副后面):与工件已加工表面相对的那个面。
（4）主切削刃:是前面和主后面的交线,是主要的切削刀刃。
（5）副切削刃:是前面和副后面的交线,担负少量的切削任务。
（6）刀尖:是主切削刃和副切削刃的相交部分,通常是一小段过渡圆弧。

3. 车刀的角度

下面以 90°外圆刀和切槽刀加工 45 钢为例,说明车刀切削部分的主要角度及常用角度值。

外圆车刀切削部分的主要角度及常用值如图 3-17 所示。

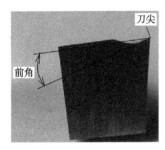
a) 前角 γ_0 常用 15°~20°

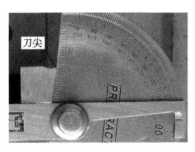
b) 主后角 α_0 常用 6°~8°

c) 副后角 α_0' 常用 6°~8°

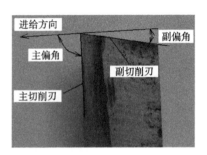
d) 主偏角 K_r 常用 90°、副偏角 K_r' 常用 10°~12°

图 3-17 外圆刀切削部分的角度及常用值

车槽刀切削部分的主要角度及常用值如图 3-18 所示。

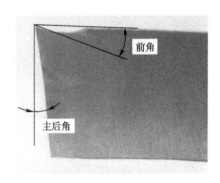
a) 前角常用 6°~8°、主后角常用 6°~8°

b) 副后角常用 1.5°~2°

c) 主偏角常用 90°、副偏角常用 1.5°~2°

图 3-18 车槽刀切削部分的角度及常用值

4. 刃磨车刀

刃磨适合角度的车刀对加工质量和生产效率等起着重要作用。车工不仅要懂得切削原理和选择车刀角度的知识,还必须熟练地掌握车刀的刃磨技能。

(1)常用砂轮的磨料与应用。

①白刚玉砂轮(WA)——磨料为氧化铝,适于磨高速钢、高碳钢刀具。

②绿碳化硅(GC)——磨料为碳化硅,适于磨硬质合金、高速钢刀具。

(2)磨刀前应熟记砂轮机安全操作规程,按照上述车刀角度刃磨外圆刀与车槽刀。

项目三　以普通车削为主的车模零件制作

小提示　　　　　　　　　砂轮机安全操作规程

(1)刃磨前：
①检查确认砂轮机防护罩齐全,托架与砂轮之间的间隙正常(约 3mm)。
②确认已经戴好防护眼镜。
③启动砂轮机后,应站在砂轮机侧面,待其空运转 2min,观察运行情况正常后方可开始刃磨。
(2)不准使用破裂或轴孔配合不好的砂轮。当发现砂轮有裂纹或直径过小(小于原直径的1/2)时,应及时更换新砂轮。
(3)磨时,严禁戴手套作业;磨削时操作者要站立在砂轮的侧面或 45°角斜对面。
(4)尽量不在砂轮侧面上刃磨。砂轮磨削表面要经常修整,如发现砂轮跳动时,可用金刚石砂轮刀进行修整。
(5)刃磨时,应两手握刀,手肘夹紧腰部,以减少磨刀时的抖动。
(6)刃磨时,刀具应放置在砂轮的水平中心,并沿水平方向左右移动进行磨削。离开砂轮时,刀尖向上抬起,防止刀刃被砂轮碰伤。
(7)刃磨时,应注意刀具的冷却,防止烧刀。砂轮应保持干燥,不能沾水。
(8)刃磨结束后,应及时关闭砂轮机电源。

任务实施

1. 分析零件图

读图 3-11 可知,该零件的名称是阶梯轴,材料为 45 钢,毛坯为 $\phi 30 \times 55$mm。

该零件有三段外圆柱,直径的公称尺寸均要求为整数,不限具体数值(好处是可以充分利用一件毛坯进行多次练习),但尺寸 B 至少比尺寸 A 少 3mm,尺寸 C 至少比尺寸 A 少 3mm,偏差均要求为 ±0.02,上极限偏差为 +0.02,下极限偏差为 -0.02,公差为 0.04,精度等级为 IT10～IT9。

表面精度要求为全部 $Ra6.3\mu m$。

综上所述,该零件加工精度在车削经济精度范围内,用普通车床加工符合经济加工原则。

该零件加工内容有车端面、车外圆、车倒角、车断,所用到的刀具有外圆刀、车槽刀,量具有钢直尺、游标卡尺。

小词典

　　加工经济精度与经济表面粗糙度:是指在正常条件下(采用符合质量标准的设备、工艺装备和标准技术等级的工人,不延长加工时间,不提高成本)所能保证的加工精度。经济表面粗糙度是指在正常条件下,所能保证的表面精糙度。例如,加工精度为 IT7,表面粗糙度 $Ra0.4\mu m$ 的外圆柱表面,虽然通过精心车削也可以达到要求,但不如磨削经济。

　　车削经济精度与经济表面粗糙度:在经济加工时,粗车精度为 IT13～IT11,表面粗糙度 $Ra50$～$12.5\mu m$;半精车精度为 IT10～IT8,表面粗糙度 $Ra6.3$～$3.2\mu m$;精车精度为 IT8～IT7,表面粗糙度 $Ra1.6$～$0.8\mu m$。

2. 读懂工艺卡

阶梯轴车削加工工艺卡见表3-5,请详细阅读并理解加工工艺。

阶梯轴车削加工工艺卡　　　　　　　　　　　　　　　表3-5

（企业名称）			机械加工工艺卡			产品名称	卡车车模	图号	L-1
						零件名称	阶梯轴	共1页	第1页
材料	45钢	毛坯种类	棒料	毛坯尺寸	φ30mm×55mm	毛坯件数	1	每台件数	1	备注	
工序	工种	工步	工序内容			车间	工段	设备	工艺装备			工时	
									夹具	刀具	量具	准终	单件
1	车	(1)	用卡爪装夹工件,右端伸出45mm,找正工件;粗车、精车端面,保证Ra6.3μm					C6132型车床	三爪自定心卡盘	90°外圆车刀	钢直尺 游标卡尺		
		(2)	粗、精加工工件外圆至A±0.02mm,长度33mm,保证Ra6.3μm										
		(3)	粗、精加工工件外圆至B±0.02mm,长度20mm,保证Ra6.3μm										
		(4)	粗、精加工工件外圆至C±0.02mm,长度10mm,保证Ra6.3μm										
		(5)	倒角C0.5、C0.3、C0.2							车槽刀			
		(6)	车断工件										
2			清毛刺,检测										
						设计(日期)	校对(日期)	审核(日期)	标准化(日期)		会签(日期)		
标记	处数	更改文件号	签字	日期									

小词典

机械加工工艺：是指机械制造的过程与方法的统称。

工艺卡：工艺卡是工艺文件的一种,工艺文件是将加工过程和操作事项经制定和审核后用于组织和指导生产的文件。工艺卡中包含了对零件毛坯的材料、种类、规格,车削工序、工步内容和工艺装备等的详细要求。

3. 准备加工

根据工艺卡的要求准备工装夹具,到仓库领取材料、刀具、量具等生产资料,并刃磨刀具(表3-6)。

生产资料表　　　　　　　　　　　　　　　表3-6

序号	项目	名称、规格、数量等
1	材料	45钢银钢支 φ6×70mm
2	刀具	90°外圆车刀、车槽刀
3	量具	钢直尺、游标卡尺、外径千分尺(0~25)、表面粗糙度样板
4	其他	软爪或薄铜片(1mm)、铜棒、安全护具等

4. 操作加工

使用普通车床进行加工前,应熟记以下车削操作安全及管理规定。

项目三　以普通车削为主的车模零件制作

> **车床安全操作规程及车间管理 3——车削加工**
>
> （1）凡装卸工件、更换刀具、测量工件及变速前,必须先停车;停车时不得用手去制动转动的卡盘;严禁床鞍或中滑板超过极限位置,以免造成人身或设备安全事故。
> （2）工件和刀具必须装夹牢固,以防飞出伤人。装卸好工件和刀具后,必须随手取下扳手。毛坯棒料太长,伸出主轴尾端时,应采取相应安全措施。
> （3）车床运转时:头不能离工件太近,为免飞屑伤人,必须戴防护眼镜;不得用手触摸工件,严禁用棉纱擦抹转动的工件。
> （4）应用专用铁勾清理切屑,不得用手直接触切屑。
> （5）工具箱内应分类摆放刀具、量具、拆装工具及工件。精度高的应放置稳妥,重物放下层、轻物放上层,不可随意乱放,要整齐、合理,便于操作时取用,用后应放回原处。
> （6）正确使用和爱护量具。经常保持清洁、用后擦净、涂油、放入盒内,并及时归还工具室。
> （7）图样、工艺卡片应放置在便于阅读的位置,并注意保持其清洁和完整。
> （8）工作结束后,将所用过的物件揩净归位,清理机床、刷去切屑、擦净机床各部位的油污;按规定加注润滑油,整理工具柜,最后把机床周围打扫干净。

1) 装夹工件

工件的装夹必须牢固稳定,在保证安全的前提下尽量不要伸出太长,避免转动时尾部晃动;也不要伸出太短,避免撞刀;夹紧工件前先测量确定伸出长度合适后再夹紧;装好工件后用低速启动主轴观察工件转动情况,若晃动较明显则应拆下重新装夹。

用卡盘匙及加力棒在三爪自定心卡盘上装夹工件,如图 3-19a) 所示,该零件总长为 30mm,则右端应伸出约 45mm,保留一定的安全距离,测量工件伸出长度的方法如图 3-19b) 所示。

2) 安装车刀

车刀是否正确安装,直接影响车削加工的顺利进行和加工质量。以装外圆刀为例,说明安装车刀时要注意的问题:

（1）选垫片:垫片要平整干净,尽量用最少的垫片达到所需高度,如图 3-20 所示。垫片和刀具应摆整齐。

a) 装夹工件　　　　　　b) 测量工件伸出长度

图 3-19　装夹工件　　　　　　　　　　　　　图 3-20　车刀与垫片

（2）测量刀尖中心高,有三种方法:用卡尺测量刀尖到垫片底部的距离为 22.5mm（每台车床有少许误差）;刀尖对齐中滑板旁边的刻线;在尾座装上顶尖,刀尖对齐顶尖。如图 3-21 所示。
（3）刀尖伸出长度:约为刀杆高度的 1~1.5 倍,如图 3-22 所示。
（4）安装角度:一般为对正安装。
（5）刀柄的中心线位置应对齐刀架的螺钉,所有垫片应对齐刀架。
（6）夹紧刀具:用装刀匙拧紧螺钉时应先稍拧紧第一个螺钉,再稍拧紧第三个螺钉,所图 3-23 所示,如此反复两三次直到拧紧,注意不能用加力棒,避免螺纹受力太大而滑牙。

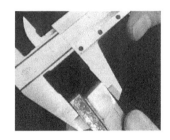

图 3-21　测量车刀刀尖高度的方法

图 3-22　测量刀尖伸出长度

图 3-23　刀架螺钉

小提示　　刀架与尾座的操作

（1）刀架：刀架有四个刀位,可以同时安装四把刀。使用时,逆时针转动刀架手柄则可松开刀架,此时可逆时针转动刀架以调换刀位;顺时针转动刀架手柄则可锁紧刀架(图3-24)。

（2）尾座：尾座安装在床身导轨上,可沿着导轨纵向移动,调整其工作位置。尾座内的套筒主要用于安装后顶尖,用以支撑较长的工件,也用于安装钻头等孔加工切削刀具(图3-24)。

①顺时针扳动尾座固定手柄可松开尾座,推动尾座可使其沿着床身导轨移动;逆时针扳动尾座固定手柄可将尾座锁紧固定。

②逆时针扳动套筒固定手柄可松开套筒,摇动手轮,可使套筒作进、退移动;顺时针扳动套筒固定手柄,可将套筒固定。

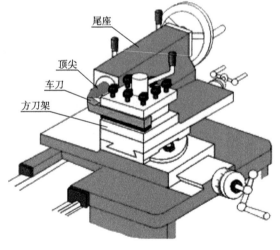

图 3-24　刀架与尾座

3) 主轴转速与进给量的调整

参照本项目任务1普通车床的基本操作练习,根据表3-7阶梯轴加工步骤的要求,调整主轴转速与进给量。

4) 车削工件

根据表3-7阶梯轴加工步骤的要求,完成转向盘轴的加工。

阶梯轴加工步骤 　　　　　　　　　　　　　　　　　　　　　　　　　　表 3-7

工步	加工简图	操作步骤	主轴转速（r/min）	进给量（mm/r）	切削深度（mm）
1. 车端面	（图：45）	装夹工件，右端伸出 45mm；安装 90°外圆车刀，并精确对刀； （1）粗车右端面 （2）精车右端面，保证粗糙度 $Ra6.3\mu m$	360 560	0.2 0.1	0.5 0.3
2. 车外圆 A	（图：A，35）	（1）粗加工外圆至车完工件黑皮，尺寸为比某个整数大 0.5mm，长度 35mm （2）精加工外圆至整数尺寸 $A\pm0.02$mm，长度 35mm。保证表面粗糙度 $Ra6.3\mu m$	360 560	0.2 0.1	0.5 0.25
3. 车外圆 B	（图：B，20）	（1）粗加工外圆至直径比 A 小 3mm 以上，比整数大 0.5mm，长度 19.8mm （2）精加工外圆至整数尺寸 $B\pm0.02$mm，长度 20mm。保证表面粗糙度 $Ra6.3\mu m$	360 560	0.2 0.1	0.5 0.25
4. 车外圆 C	（图：C，10）	（1）粗加工外圆至直径比 B 小 3mm 以上，比整数大 0.5mm，长度 9.8mm （2）精加工外圆至整数尺寸 $B\pm0.02$mm，长度 10mm。保证表面粗糙度 $Ra6.3\mu m$	360 560	0.2 0.1	0.5 0.25
5. 车倒角	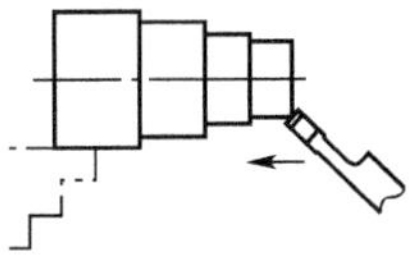 （图）	将刀架转到另一刀位，安装车槽刀，并使刀架逆时针转 45°，精确对刀： 倒角 C0.5、C0.3、C0.2	360	手动	
6. 车断	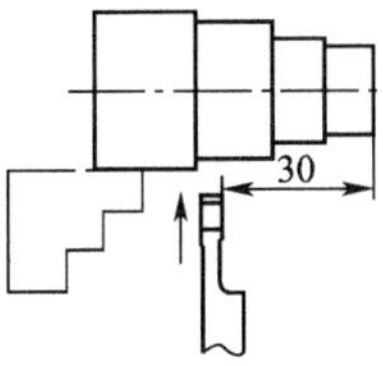 （图：30）	转动刀架使车槽刀对正，将刀尖移至适当位置测量右刀尖到工件右端面的距离为 30mm，如右图所示： 主轴转速 210r/min，手动车断工件。			

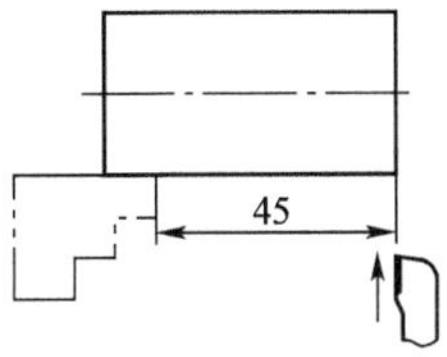

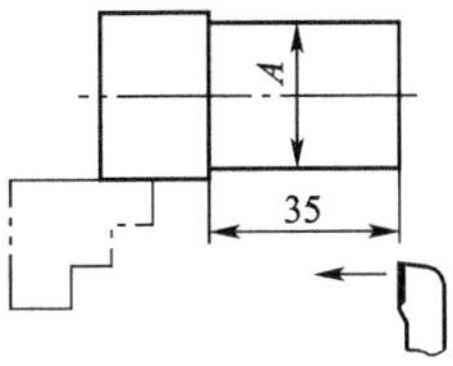

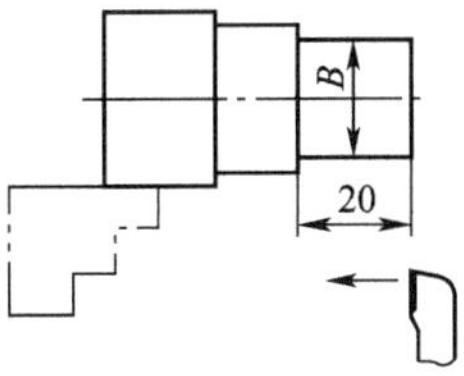

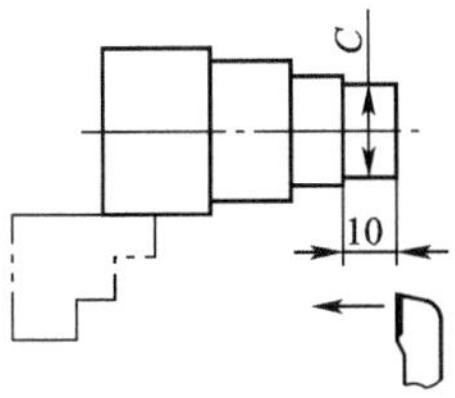

小提示　　　用手动(机动)进给车削端面、外圆和倒角

(1) 车端面的方法:开动车床使工件旋转,移动小滑板或床鞍控制进刀深度(初学者用白钢刀切削 45 钢时,一般为 0.5mm),然后锁紧床鞍,摇动中滑板丝杠进给、由工件外向中心或由工件中心向外进给车削(图3-25)。

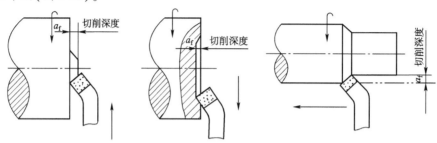

图 3-25　车端面和外圆时的切削深度

(2) 车外圆的方法:

①移动床鞍至工件的右端、用中滑板控制进刀深度(一般粗车为 0.5mm,精车为 0.1~0.2mm)、摇动小滑板丝杠或床鞍纵向移动车削外圆,一次进给完毕,横向退刀,再纵向移动刀架或床鞍至工件右端,进行第二、第三次进给车削,直至符合图样要求为止。

②车削外圆时,为确保外圆直径,要进行试切削和及时测量。操作方法:根据工件直径余量的 1/2 作横向进刀,当车刀在纵向外圆上进给 2mm 左右时,纵向快速退刀(注意横向不要退刀),然后停车测量,如果已经符合尺寸要求,就可以直接纵向进给进行车削,否则可按上述方法继续进行试切削和试测量,直至达到要求为止。

③为确保外圆的车削长度,采用刻线痕法和测量法,在车削前根据需要的长度,用钢直尺、样板或卡尺及车刀刀尖在工件的表面刻一条线痕(图3-26)。然后根据线痕进行车削,当车削完毕,再用钢直尺或其他工具复测。

(3) 车倒角:安装车槽刀,松开刀架、使刀架与小滑板成 45°夹角,测量小滑板处的直角三角形的两直角边相等(均为 35mm)即可,锁紧刀架。移动床鞍至工件的外圆和平面的相交处,转动小滑板手轮进行倒角(图3-26)。

图 3-26　车外圆的方法及倒角

  任务评价

(1) 回顾本任务的学习,你是否能做到:

①能否正确读懂图 3-11 阶梯轴零件图图样,并正确分析其加工工艺?

②能否正确刃磨外圆车刀用于加工阶梯轴?

③根据阶梯轴零件图的技术要求对工件进行综合检测并填写表3-8。在老师的指导下加工的阶梯轴零件是否合格?

综合检测表(未注公差的尺寸按 GB/T 1804-m 检验)(单位:mm)   表3-8

检测项目	检测内容	自检	小组检	质检	结　果
外径 A ±0.02	IT10				
外径 B ±0.02	IT10				
外径 C ±0.02	IT9				
长度30	IT(偏差 ±0.3)				合格(　)
长度20	IT(偏差 ±0.2)				不合格(　)
长度10	IT(偏差 ±0.18)				
表面粗糙度 Ra6.3μm	合格/不合格				
倒角	3 处				
缺陷	有无碰伤、残留				

④能否按车间安全及管理要求完成场地和设备的整理、清洁、维护等日常工作?

小提示

每班工作后应擦净车床导轨面(包括中滑板和小滑板),要求无油污、无铁屑,并浇油润滑,保持导轨面及转动部位清洁、润滑,油路畅通,油标油窗清晰,保持车床外表清洁和场地整齐。

(2)问答:

①对照90°外圆车刀说出车刀切削部分的几何组成及主要角度。

②车刀刀尖如果装高或者装低,会产生什么不良现象?

③切削用量如何选择?

④为什么阶梯轴在车削时先车左边大直径再车右边小直径?

小提示

切削用量如何确定?

(1)主轴转速:粗车时,为提高生产率,在保证取大的切削深度和进给量的情况下,一般选用中等或中等偏低的切削速度。精车时,为避免刀刃上出现积屑瘤而破坏已加工表面质量,切削速度取高速或低速,一般用硬质合金车刀进行高速精车,而低速精车适合用于小直径的工件。

当其他条件相同时,车削的工件直径越大,主轴转速应越慢,例如,粗加工时,若工件直径为30mm,转速约为560r/min,若工件直径为50mm,转速约为338r/min。

当工件较脆、刀具条件较好或有冷却液时可适当提高主轴转速。

(2)进给量:粗车时可选取适当大的进给量,一般取0.15～0.4mm/r;精车时,采用减小进给量可有效地减小残留面积高度,有利于提高表面质量,一般取0.05～0.2mm/r。

(3)切削深度:粗车应优先选用较大的背吃刀量,一般可取2～4mm;精车时,选择较小的背吃刀量对提高表面质量有利。但如果背吃刀量过小,刀尖圆弧过渡刃口切不下切削层,在加工表面引起附加塑性变形,从而影响表面粗糙度,一般取0.3～0.5mm(高速精车)或0.05～0.10mm(低速精车)。

(3)查一查:
①查找其他车刀的类型及其加工内容。
②查找刀具切削部分的其他材料种类以及各自的性能。

任务3　转向轴的加工

> **任务描述**
> 本任务加工卡车车模零件——转向轴,零件图如图3-27所示,主要以普通车削为主,修配时需用钻削。请依据图样和工艺卡,按照普通车削要求,完成零件的加工和检测。
>
>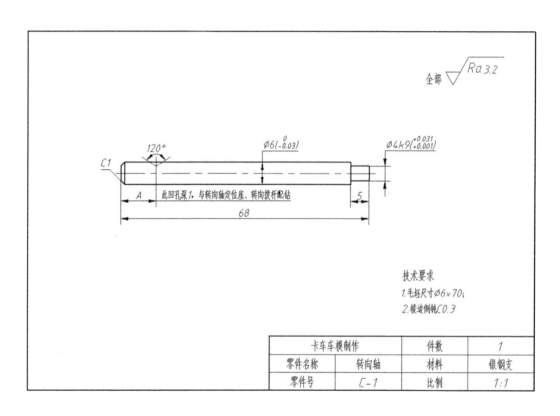
>
> 图3-27　转向轴零件图
>
> **任务目标**
> 1. 在教师的指导下,能正确分析转向轴零件图及其车削工艺。
> 2. 能独立选用外圆车刀用于加工转向轴。
> 3. 在教师的指导下,能正确操作普通车床,完成转向轴的加工及检测。
> **建议完成本教学任务为2学时。**

学习准备

细长轴概述：轴可以按其长度 L 与直径 d 之比（即长径比）的数值大小分为普通轴、细长轴和超细长轴。长径比大于 $7(L/d>7)$ 的轴称为细长轴；长直比大于 $25(L/d>25)$ 的轴称为超细长轴。

例如此任务的转向轴，总长为 68，直径为 6，长径比为 $L/d = 68/6 \approx 11 > 7$，为细长轴。

卡车车模零件里属于细长轴的还有后轮轴、传动轴，见后续任务。

任务实施

1. 分析零件图

读图 3-26 转向轴零件图可知，该零件的材料为银钢支 $\phi 6 \times 70$mm，件数为 1 件；

该零件为细长阶梯轴，零件总长为 68mm，有 $\phi 6$mm 和 $\phi 4$mm 两段外圆柱，左端 A 距离处有一个径向小孔。其中 $\phi 6$mm 外圆柱为 $\phi 6$mm 银钢支的外圆（考虑到初学者加工细长轴比较困难，所以直接选用 $\phi 6$mm 银钢支），不需要车削；$\phi 4$mm 外圆柱长为 5mm，用于与转向盘中间孔的过渡配合，直径为有注公差尺寸 $\phi 4k9\binom{+0.031}{+0.001}$mm，基本偏差代号为 k，精度等级为 IT9，上极限偏差为 +0.031mm，下极限偏差为 +0.001mm；径向小孔是转向轴与转向拨杆装配时螺钉的卡位，实现与转向拨杆的固定连接。

表面精度要求为全部 $Ra3.2\mu m$。

该零件加工内容有车端面、车外圆、车倒角，径向小孔需在装配时配钻。所用到的刀具有外圆刀和车槽刀，量具有钢直尺、游标卡尺和千分尺，考虑到 $\phi 6$mm 银钢支外圆表面是已成形表面，可选用软爪装夹。

小词典

工件装夹时，如果要夹紧已成形表面或已加工表面，为了防止夹伤，应使用具有保护作用的辅助夹具，如：软卡爪、开口垫套、薄铜片等。

（1）软卡爪：一般车床配置的卡爪都是硬爪，是经过淬火处理，有较高的硬度，夹紧牢靠、耐磨。软爪是采用不淬火的钢或铜、铝等软金属加工，直接焊接（安装）在硬爪上，由于软爪可以根据装夹的需要进行车削加工，具有定位好，同轴度高，不易夹伤、碰伤工件的特点。

（2）开口垫套（垫片）：开口垫套是用根据装夹的需要，专门用较软的钢材或有色金属加工的开口套筒，装夹时套在工件上可防止夹伤工件。

a) 软爪　　　　b) 开口垫套

2. 读懂工艺卡

转向轴综合加工工艺卡见表 3-9，请详细阅读并理解加工工艺。

转向轴综合加工工艺卡　　　　　　　　　　　　　　　　　　　表 3-9

(企业名称)				机械加工工艺卡			产品名称		卡车车模		图号	C-1
							零件名称		转向轴		共1页	第1页
材料		银钢支	毛坯种类	棒料	毛坯尺寸	φ6×70mm	毛坯件数		1	每台件数	1	备注
工序	工种	工步	工序内容				车间	工段	设备	工艺装备		工时
										夹具	刀具	量具	准终	单件
1	车	(1)	用软爪装夹工件,右端伸出10mm,找正工件;粗车、精车端面,保证 Ra3.2μm						C6132A车床	三爪自定心卡盘	90°外圆车刀	钢直尺 游标卡尺 千分尺		
		(2)	粗、精加工工件外圆至 φ4k9($^{+0.031}_{+0.001}$)mm,长度5mm,保证 Ra3.2μm										
		(3)	倒角 C0.3								车槽刀			
		(4)	工件调头,用软爪夹住 φ6mm 外圆,右端伸出10mm,车端面至总长68mm								90°外圆车刀			
		(5)	倒角 C1								车槽刀			
2	钻	(1)	钻孔,深1				台钻			台虎钳	φ5mm 钻头			
3			清毛刺,检测											
						设计(日期)	校对(日期)		审核(日期)	标准化(日期)		会签(日期)		
标记	处数	更改文件号	签字	日期									

3. 准备加工

根据工艺卡的要求准备工装夹具,到仓库领取材料、刀具、量具等生产资料(表 3-10),并刃磨好刀具。

生产资料表　　　　　　　　　　　　　　　　　　　　　　　　　　　　表 3-10

序 号	项 目	名称、规格、数量等
1	材料	45 钢银钢支 φ6×70mm
2	刀具	90°外圆车刀、车断刀、φ5mm 钻头
3	量具	钢直尺、游标卡尺、外径千分尺(0~25)、表面粗糙度样板
4	其他	软爪或薄铜片(1mm)、铜棒、安全护具等

4. 操作加工

参考本项目任务2安装工件、安装刀具的要求进行操作,并根据表 3-11 的要求,调整主轴转速与进给速度,完成转向轴的加工。

转向轴加工步骤　　　　　　　　　　　　　　　　　　　　　　　　表 3-11

工步	加工简图	操作步骤	主轴转速 (r/min)	进给量 (mm/r)	切削深度 (mm)
1. 车端面		用软爪装夹工件,右端伸出10mm(注意伸出不能太长),找正工件;安装90°外圆车刀,并精确对刀;	360	0.2	0.5
		(1)粗车右端面			
		(2)精车右端面,保证粗糙度 Ra6.3μm	560	0.1	0.3

续上表

工步	加工简图	操作步骤	主轴转速（r/min）	进给量（mm/r）	切削深度（mm）
2. 车外圆		(1) 粗加工外圆至 φ4.5mm，长度小于5mm (2) 精加工外圆至 φ4k9($^{+0.031}_{+0.001}$)mm，长度5mm 保证图样尺寸要求精度、表面粗糙度 $Ra3.2\mu m$	260 360	0.2 0.1	0.5 0.25
3. 倒角	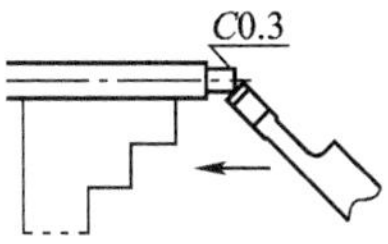	将刀架转到另一装刀位置，安装车槽刀，逆时针转动刀架成45° 倒角 C0.3	360	手动	
4. 调头车端面		工件调头装夹，右端伸出10mm，找正工件 (1) 粗车右端面 (2) 精车右端面，保证工件长度68mm，保证粗糙度 $Ra6.3\mu m$	360 560	0.2 0.1	0.5 0.3
5. 倒角	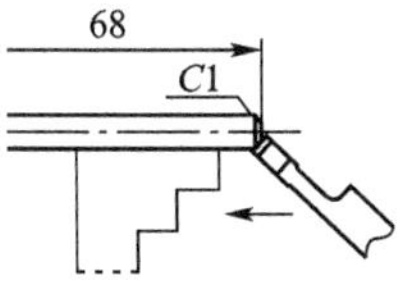	倒角 C1	360	手动	
6. 配钻		与转向轴定位座、转向拨杆、转向横拉杆、转向节、上车架装配后，在钻床上用平口钳装夹上车架，用垫块支撑转向盘 用 φ5mm 钻头钻小孔，深1mm 加工好的小孔如下图所示 	560	0.1	2.5

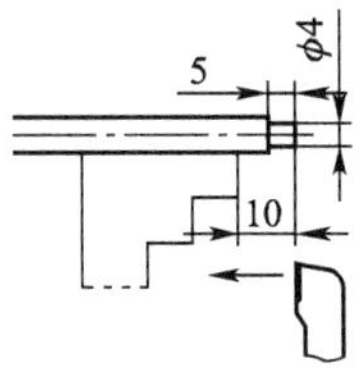

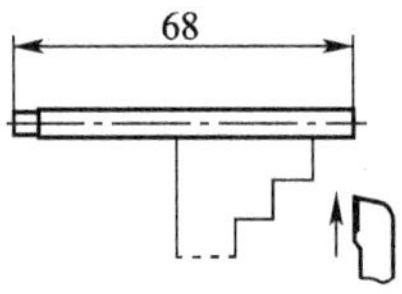

任务评价

(1) 回顾本任务的学习，你是否能做到：

①能否正确读懂图3-27转向轴零件图图样，并正确分析其加工工艺？

②能否独立选用外圆车刀用于加工转向轴？

③根据阶梯轴零件图的技术要求对工件进行综合检测并填写表3-12。在老师的指导下，加工的转向轴零件是否合格？

综合检测表(未注公差尺寸按 GB/T 1804-m 检验)(单位:mm)　　表 3-12

检测项目	检测内容	自检	小组检	质检	结　果
外径 φ4k9($^{+0.031}_{+0.001}$)	IT9				合格(　　) 不合格(　　)
长度 5	IT(±0.15)				
长度 68	IT(±0.3)				
表面粗糙度 Ra3.2μm	合格/不合格				
倒角 C0.3	1 处				
倒角 C0.3	2 处				
缺陷	有无碰伤、残留				

④能否按车间安全及管理要求完成场地和设备的整理、清洁、维护等日常工作？

（2）问答：

精车小直径轴时很难提高工件表面粗糙度，用高速精车还是低速精车？

（3）查一查：

若该转向轴零件采用 φ10mm 棒料，则 φ6mm 外圆也需要车削，查找资料了解车削细长轴的方法。

任务 4　后轮轴的加工

▷ **任务描述**

本任务加工后轮轴，零件图如图 3-28 所示，是以车为主的车、钳综合加工零件，需要学习钳工新技能——套螺纹。请依据图样和工艺卡的要求，完成零件的加工和检测。

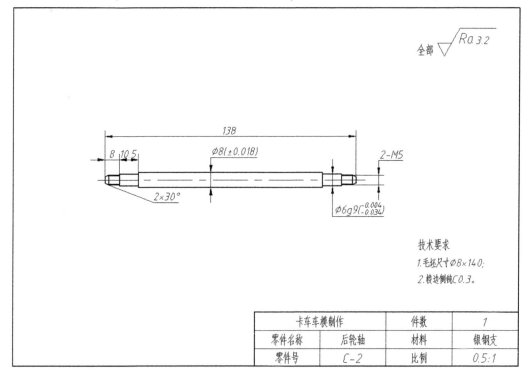

图 3-28　后轮轴零件图

任务目标

1. 在教师的指导下,能正确分析后轮轴零件图及其车削工艺。
2. 能独立选用外圆车刀用于加工后轮轴。
3. 在老师的指导下,能正确选用板牙对后轮轴进行套螺纹。
4. 在教师的指导下,能正确操作普通车床,完成后轮轴的加工及检测。

建议完成本教学任务为 4 学时。

学习准备

一、板牙

板牙是一种加工或修正外螺纹的刀具。

板牙中以圆板牙应用最广,如图 3-29b)所示,中间螺孔相当于一个很高硬度的螺母,在螺孔的两端磨有切削锥,周围制有几个排屑板牙孔。板牙加工出的螺纹精度较低,但由于结构简单、使用方便,在单件、小批生产和修配中板牙仍得到广泛应用。

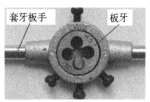

a) 板牙套盒　　　　b) 圆板牙　　　　c) M5板牙副

图 3-29　板牙

板牙的规格范围为 M0.25 ~ M68。此后轮轴零件两端螺纹的规格为 M5,即大径为 5mm 的普通粗牙螺纹,所要使用的板牙为如图 3-29c)所示。

二、套螺纹

用板牙在圆柱或管子上切削加工外螺纹的方法称为套螺纹。

(1) 套螺纹前圆柱的加工注意问题。

① 圆柱直径的确定。用板牙在钢料上套螺纹时,螺纹牙尖会被挤高一些,所以,圆柱直径应比螺纹的大径小一些,可用公式计算:

$$d_0 \approx d - 0.13P$$

式中:d_0——将要套螺纹的外圆柱直径;

d——螺纹大径。

例如:查螺距表得 M5 标准螺纹的螺距为 0.8,计算得:

$$d_0 \approx d - 0.13P = 5 - 0.13 \times 0.8 \approx 4.9 (\text{mm})$$

② 圆柱端部要倒成圆锥斜角为 15°~20°的锥体,如图 3-30 所示。锥体的最小直径可以略小于螺纹小径,使切出的螺纹端部避免出现锋口和卷边而影响螺母的拧入。

(2) 装夹工件。装夹工件时要用 V 形钳口,避免工件偏斜,用铜片等包着夹持部分,避免夹花,工件不应伸出太长。

(3) 把板牙安装在套牙扳手(板牙铰杠)上,安装位置如图 3-31 所示,然后拧紧螺钉。

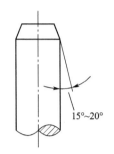

图 3-30　圆柱端部倒角

图 3-31　板牙安装位置示意图

(4) 套螺纹操作(图 3-32)。

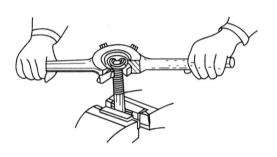

图 3-32　套螺纹操作

① 套螺纹时要保持板牙端面与圆杆轴线垂直。

② 在开始套螺纹时,可用手掌按住扳牙中心,适当施加压力并转动扳手;当扳牙切入圆杆 1～2 圈时,应目测检查和校正扳牙切入位置;当扳牙切入圆杆 3～4 圈时,应停止施加压力,仅平稳地转动扳手,靠扳牙螺纹自然旋进圆杆。

③ 为避免切屑过长,套螺纹过程中扳牙应经常倒转。

④ 选用合适的切削液,一般使用加浓的乳化液或机油。

任务实施

1. 分析零件图

读图 3-28 后轮轴零件图可知,该零件的材料为银钢支 $\phi 8 \times 140$ mm,件数为 1 件;

该零件为细长阶梯轴,有 $\phi 8$ mm 外圆柱一段和两端对称的 $\phi 6$ mm 外圆柱及 M5 螺纹。其中 $\phi 8$ mm 外圆柱为 $\phi 8$ mm 银钢支的外圆(理由同转向轴),不需要车削;$\phi 6$ mm 外圆柱长为 10.5 mm,用于与后车轮的间隙配合,直径为有注公差尺寸 $\phi 6g9\left(^{-0.004}_{-0.034}\right)$,基本偏差代号为 g,精度等级为 IT9,上极限偏差为 -0.004 mm,下极限偏差为 -0.034 mm;M5 螺纹长为 8 mm,螺纹端部倒角为非 45°倒角,如图 3-33 所示。

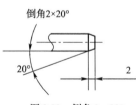

图 3-33　倒角 2×20°

表面精度要求为全部 $Ra3.2\mu m$。

该零件的加工内容有端面、外圆、倒角和螺纹,所用的刀具有外圆刀和车槽刀以及 M5 扳牙,量具有钢直尺、游标卡尺和千分尺。

2. 读懂工艺卡

后轮轴综合加工工艺卡见表 3-13,请详细阅读并理解加工工艺。

项目三 以普通车削为主的车模零件制作

后轮轴综合加工工艺卡　　　　　　　　　　　　　　　　　　　　　　　表 3-13

（企业名称）			机械加工工艺卡			产品名称		卡车车模		图号	C-1
						零件名称		后轮轴		共1页	第1页
材料	银钢支	毛坯种类	棒料	毛坯尺寸	$\phi 8 \times 140$mm	毛坯件数	1	每台件数	1	备注	
工序	工种	工步	工序内容		车间	工段	设备	工艺装备			工时
								夹具	刀具	量具	准终 单件
1	车	(1)	用软爪装夹工件,右端伸出23mm,找正工件;粗车、精车端面,保证 $Ra3.2\mu m$				C6132车床	三爪自定心卡盘	90°外圆车刀	钢直尺 游标卡尺 千分尺	
		(2)	粗、精加工工件外圆至 $\phi 6g9(^{-0.004}_{-0.034})$,长度18.5mm,保证 $Ra3.2\mu m$								
		(3)	粗、精加工工件外圆至 $\phi 4.9$mm,长度8mm,保证 $Ra3.2\mu m$						车槽刀		
		(4)	倒角 $2 \times 20°$								
		(5)	工件调头,用软爪装夹工件,右端伸出25mm,找正工件;粗车、精车端面,保证零件总长138mm,端面 $Ra3.2\mu m$						90°外圆车刀、车槽刀		
		(6)	重复调头前加工内容								
2	钻	(1)	套两端螺纹 M5					台虎钳	M5 板牙		
3			清毛刺,检测								
					设计（日期）	校对（日期）	审核（日期）		标准化（日期）	会签（日期）		
标记	处数	更改文件号	签字	日期							

3. 准备加工

根据工艺卡的要求准备工装夹具,到仓库领取材料、刀具、量具等生产资料（表3-14),并刃磨好刀具。

生产资料表　　　　　　　　　　　　　　　　　　　　　　　　　　　　　表 3-14

序号	项目	名称、规格、数量等
1	材料	45 钢银钢支 $\phi 6 \times 70$mm
2	刀具	90°外圆车刀、车槽刀、M5 板牙
3	量具	钢直尺、游标卡尺、外径千分尺(0~25)、表面粗糙度样板
4	其他	软爪或薄铜片(1mm)、铜棒、安全护具等

4. 操作加工

参考本项目任务2安装工件、安装刀具的要求进行操作,并根据表3-15的要求,调整主轴转速与进给速度,完成后轮轴的加工。

后轮轴加工步骤　　　　　　　　　　　　　　　　　　　　　　　　　　表 3-15

工步	加工简图	操作步骤	主轴转速（r/min）	进给量（mm/r）	切削深度（mm）
1.车端面	140 23 $\phi 8$	用软爪装夹工件,右端伸出23mm,找正工件;安装90°外圆车刀,并精确对刀; (1)粗车右端面	360	0.2	0.5
		(2)精车右端面,保证粗糙度 $Ra3.2\mu m$	560	0.1	0.3

71

续上表

工步	加工简图	操作步骤	主轴转速（r/min）	进给量（mm/r）	切削深度（mm）
2.车外圆 φ6		（1）粗加工工件外圆至 φ6.5mm，长度 18.3mm	360	0.2	0.5
		（2）精加工工件外圆至 $\phi 6g9(^{-0.004}_{-0.034})$ mm，长度 18.5mm，保证 $Ra3.2\mu m$	560	0.1	0.25
3.车螺纹外圆		（1）粗加工工件外圆至 φ5.4mm，长度 7.8mm	360	0.2	0.5
		（2）精加工工件外圆至 φ4.9mm，长度 8mm，保证 $Ra3.2\mu m$	560	0.1	0.25
4.倒角		将刀架转到另一装刀位置，安装车槽刀，把刀架逆时针转动20°，并精确对刀 倒角 2×20°	360	手动	
5.调头车端面		工件调头，右端伸出25mm，找正工件 （1）粗车右端面	360	0.2	0.5
		（2）精车右端面，保证工件长度138mm，保证粗糙度 $Ra6.3\mu m$	560	0.1	0.3
6.重复		重复调头前的加工内容			
7.套螺纹		在台虎钳上用铜片垫好，装夹工件，伸出25mm （1）用板牙套螺纹 （2）调头装夹，套另一端螺纹	手动	手动	手动

任务评价

（1）回顾本任务的学习，你是否能做到：

①能否正确读懂图 3-28 后轮轴零件图图样，并正确分析其加工工艺？

②能否独立选用外圆车刀用于加工后轮轴？

③在老师的指导下，能否正确选用板牙对后轮轴进行套螺纹？

④根据后轮轴零件图的技术要求对工件进行综合检测并填写表 3-16。在老师的指导下，加工的后轮轴零件是否合格？

综合检测表(未注公差的尺寸按 GB/T 1804-m 检验)(单位:mm)　　　　表 3-16

检 测 项 目	检测内容	自检	小组检	质检	结　　果
外径 $\phi 6g9({}_{-0.034}^{-0.004})$ mm	IT9				
螺纹 M5	2 处				
长度 138	IT(偏差 ±0.5)				合格( )
长度 8	IT(偏差 ±0.1)				不合格( )
长度 10.5	IT(偏差 ±0.1)				
表面粗糙度 $Ra3.2\mu$m	合格/不合格				
倒角 2×30°	2 处				
缺陷	有无碰伤、残留				

⑤能否按车间安全及管理要求完成场地和设备的整理、清洁、维护等日常工作?

(2)问答:

把刀架逆时针转动 20°是如何测量确定的?

(3)查一查:

①查找其他板牙的类型和加工范围。

②查找螺纹的检验方法和工具的使用。

③查找现实汽车中的后轮轴的结构。

任务 5　转向轴定位座的加工

➡ 任务描述

本任务加工转向轴定位座,零件图如图 3-34 所示,是以车为主的车、钳综合加工零件,需要学习车工新技能——车床上钻孔。请依据图样和工艺卡的要求,完成零件的加工和检测。

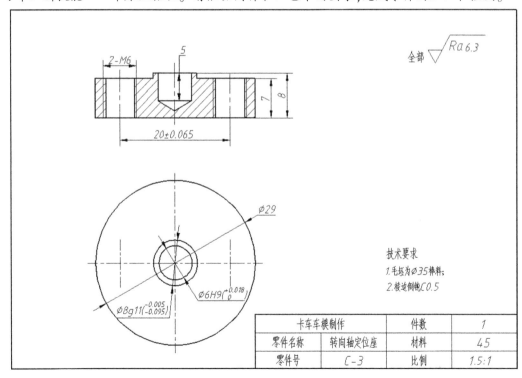

图 3-34　转向轴定位座零件图

> ➡ **任务目标**
> 1. 在教师的指导下,能正确分析转向轴定位座零件图及其加工工艺。
> 2. 能独立选用刀具用于加工转向轴定位座。
> 3. 在教师的指导下,能在车床上正确钻孔。
> 3. 在教师的指导下,能正确操作普通机床,完成转向轴定位座的加工及检测。
> **建议完成本教学任务为 4 学时。**

 学习准备

一、轮盘类零件概述

轮盘类零件是指长度较小,直径相对较大的零件。如卡车车模里转向轴定位座、车轮均属于轮盘类零件。

二、车床上钻孔

1. 孔深

孔深尺寸是指内孔圆柱的长度,不包括孔底圆锥的长度,如图 3-35a)为正确,图 3-35b)为错误。

2. 在车床上钻孔的方法

在车床尾座安装钻头,可以在工件上钻轴线与主轴中心线重合的孔,如图 3-34 所示零件中间的孔 $\phi6mm$ 可以在车床上钻,其余孔均不能在车床上钻。钻孔步骤如下:

(1)车平端面、钻中心孔:直径大于 6mm 的孔一般应先打中心孔,以便更准确地定位。把中心钻安装在钻夹头上,再安装到尾座上,如图 3-36 所示,尾座的操作方法如图 3-37 所示;注意钻中心孔时主轴应用较大转速,常用 560r/min 或 800r/min。

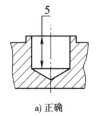

图 3-35 孔深

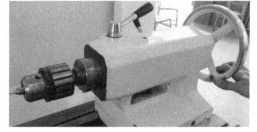

图 3-36 尾座上的中心钻

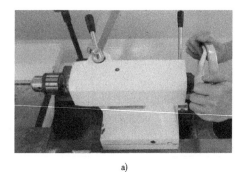

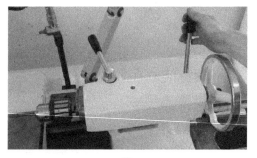

图 3-37 移动尾座和锁紧尾座

项目三 以普通车削为主的车模零件制作

(2)钻孔:在尾座上安装钻头,操作尾座;调整主轴转速,注意钻越大的孔应选用越小的转速,例如钻 $\phi6mm$ 孔可用 560r/min,而钻 $\phi20mm$ 孔则用 260r/min;钻孔时,转动座尾手柄用力应慢而且均匀。

(3)钻沉孔时应控制孔深:通过在钻头上划线,试钻后测量的方法控制,也可以通过计算尾座套筒刻度的方法控制。

任务实施

1. 分析零件图

读图3-34 转向轴定位座零件图可知,该零件的材料为45钢 $\phi35mm$ 棒料,件数为1件;

该零件为轮盘类零件,较大的外圆柱 $\phi29mm$ 的一端有一个小圆阶台 $\phi8mm$,零件轴线上有一个孔 $\phi6mm$,深5mm,两边各有一个螺纹M6。其中小圆阶台 $\phi8mm$ 长1mm,用于与上车架的安装孔间隙配合,直径为有注公差尺寸 $\phi8g11({}_{-0.095}^{-0.005})mm$,基本偏差代号为g,精度等级为IT11,上极限偏差为 -0.005mm,下极限偏差为 -0.095mm;中间孔 $\phi6mm$ 用于安装转向轴,为间隙配合,直径为有注公差尺寸 $\phi6H9({}_{0}^{+0.018})$ mm,基本偏差代号为H,精度等级为IT9,上极限偏差为 +0.018mm,下极限偏差为0。

表面精度要求为全部 $Ra3.2\mu m$。

该零件为综合加工,其中车削加工内容有车端面、钻孔、铰孔(钻孔精度只有IT13~IT11,若孔径的精度等级为IT9~IT8,且孔径在15~20mm以下,应先钻孔后铰孔,才能达到精度要求)、车外圆、车倒角,钳工加工内容包括钻孔和攻螺纹。

2. 读懂工艺卡

转向轴定位座综合加工工艺卡见表3-17,请详细阅读并理解加工工艺。

转向轴定位座综合加工工艺卡　　　　　表3-17

(企业名称)			机械加工工艺卡			产品名称	卡车车模	图号	C-3
						零件名称	转向轴定位座	共1页	第1页

材料	45	毛坯种类	棒料	毛坯尺寸	$\phi35mm$ 棒料	毛坯件数	1	每台件数	1	备注

工序	工种	工步	工序内容	车间	工段	设备	工艺装备			工时	
							夹具	刀具	量具	准终	单件
1	车	(1)	装夹工件,右端伸出20mm,找正工件;粗车、精车端面,保证 $Ra3.2\mu m$			C6132 车床	三爪自定心卡盘	90°外圆车刀、中心钻、$\phi5.8mm$ 钻头、$\phi6mm$ 铰刀	钢直尺 游标卡尺 千分尺		
		(2)	钻 $\phi3mm$ 中心孔,用 $\phi5.8mm$ 钻头钻孔,$\phi6mm$ 铰刀铰孔 $\phi6H9({}_{0}^{+0.018})$ mm,深度5mm($\pm0.05mm$)								
		(3)	粗、精车工件外圆至 $\phi29mm$,长度13mm,保证 $Ra3.2\mu m$								
		(4)	粗、精车工件外圆至 $\phi8g11({}_{-0.095}^{-0.005})$ mm,长度1mm,保证 $Ra3.2\mu m$								
		(5)	全部棱边倒角C0.5								
		(6)	切断工件,长度为8.5mm					切断刀			
		(7)	工件调头,用软爪装夹工件,车端面,保证工件总长8mm,倒角C0.5				软爪	90°外圆车刀			
		(8)	清毛刺,检测								

续上表

工序	工种	工步	工序内容	车间	工段	设备	工艺装备			工时	
							夹具	刀具	量具	准终	单件
2	划线	(1)	划出两螺孔 M6 的中心线,打样冲眼			划线平台			划线高度尺		
3	钻	(1)	用 φ5mm 钻头钻两螺纹 M6 的底孔,钻通			台钻	台钻平口钳	φ5mm 钻头	游标卡尺		
4	攻	(1)	用 M6 丝锥攻两螺孔			钳工台	台虎钳	M6 丝锥			
			清毛刺,检测								
				设计(日期)		校对(日期)		审核(日期)		标准化(日期)		会签(日期)
标记	处数	更改文件号	签字	日期							

3. 加工准备

根据工艺卡的要求准备工装夹具,到仓库领取材料、刀具、量具等生产资料(表3-18)。

生产资料表　　　　　　　　　　　　　　　　　　　　　　　　　　表3-18

序　号	项　目	名称、规格、数量等
1	材料	45 钢 φ25mm 长料
2	刀具	90°外圆车刀、车槽刀、中心钻、φ5.8mm 钻头、φ6mm 铰刀、切断刀、M6 丝锥
3	量具	钢直尺、游标卡尺、千分尺、表面粗糙度样板
4	其他	软爪或薄铜片(1mm)、铜棒、安全护具等

4. 操作加工

根据表3-19 的要求,完成转向轴定位座的加工。

转向轴定位座加工步骤　　　　　　　　　　　　　　　　　　　表3-19

工步	加工简图	操作步骤	主轴转速 (r/min)	进给量 (mm/r)	切削深度 (mm)
1. 车端面	φ35, 20	装夹工件,右端伸出 20mm,找正工件;安装 90°外圆车刀,精确对刀 (1)粗车右端面 (2)精车右端面,保证表面粗糙度 Ra3.2μm	360 560	0.2 0.1	0.5 0.2
2. 钻中心孔		在尾座安装 φ3mm 中心钻 钻中心孔	560	手动	1.5
3. 钻孔	φ5.8, 5	在尾座安装 φ5.8mm 钻头 钻孔,深度 5mm	360	手动	1.5

续上表

工步	加工简图	操作步骤	主轴转速(r/min)	进给量(mm/r)	切削深度(mm)
4. 铰孔		在尾座安装 ϕ6mm 铰刀 铰孔 ϕ6H9($^{+0.018}_{0}$)mm,深度 5mm	360	手动	0.5
5. 车外圆		(1)粗车工件外圆至 ϕ29.5mm,长度 13mm (2)精车工件外圆至 ϕ29mm,长度 13mm,保证表面粗糙度 Ra3.2μm	360 560	0.2 0.1	0.5 0.25
6. 车小阶台		1)粗车工件外圆至 ϕ8.5mm,长度 1mm (2)精车工件外圆至 ϕ8g11($^{-0.005}_{-0.095}$)mm,长度 1mm 保证达到图样 ϕ8 公差要求,保证表面粗糙度 Ra3.2μm	360 560	0.2 0.1	0.5 0.25
7. 车断		将刀架换至另一位置,安装切断刀,精确对刀 切断工件,长度 8.5mm	210	手动	刀宽
8. 调头车端面		工件调头,用软爪装夹,右端伸出 4mm,将刀架换至外圆刀位置 (1)粗车右端面 (2)精车右端面,保证工件长度为 8mm,保证表面粗糙度 Ra3.2μm	360 560	0.2 0.1	0.5 0.2
9. 划线		在划线台上用台虎钳和 V 形块装夹工件外圆 (1)划出两 M6 螺孔的中心线 (2)拆下工件,打样冲眼			

续上表

工步	加工简图	操作步骤	主轴转速（r/min）	进给量（mm/r）	切削深度（mm）
10. 钻孔		在钻床上用铜片垫住台虎钳钳口,装夹工件用φ5mm钻头钻两螺纹M6底孔,钻通	手动	手动	手动
11. 攻螺纹		使用M6丝锥在φ5mm孔处手动攻丝,攻通	手动	手动	手动

任务评价

(1) 回顾本任务的学习,你是否能做到:

①能否正确读懂图3-34转向轴定位座零件图图样,并正确分析其加工工艺?

②能否独立选用刀具用于加工转向轴定位座?能否掌握车床上钻孔的方法?

③根据转向轴定位座零件图的技术要求对工件进行综合检测并填写表3-20。在老师的指导下加工的转向轴定位座零件是否合格?

综合检测表(未注公差的尺寸按GB/T 1804-m检验)(单位:mm)　　　　表3-20

检测项目	检测内容	自检	小组检	质检	结　果
孔 $\phi 6H9\left(^{+0.018}_{0}\right)$	IT9				
内孔深度5	IT(±0.06)				
外径 $\phi 8g11\left(^{-0.005}_{-0.095}\right)$	IT11				
外径 $\phi 29$	IT(±0.10)				合格( )
长度7	IT(±0.07)				不合格( )
长度8	IT(±0.07)				
孔中心距20	IT(±0.10)				
螺纹M6	2处				
表面粗糙度 $Ra3.2\mu m$	合格/不合格				
倒钝C0.5	3处				
缺陷	有无碰伤、残留				

④能否按车间安全及管理要求完成场地和设备的整理、清洁、维护等日常工作?

(2) 问答:

①转向轴定位座加工顺序中,为什么先加工内孔后加工外圆?如果调换顺序会有什么不同?

②为什么打中心孔前一定要车平端面?

③如果钻沉孔时不小心钻太深了,该如何解决?

(3) 查一查:

根据实际经验并查找资料找出为什么钻孔直径越大要用越低的转速?

任务6　车轮的加工

> **任务描述**
> 本任务加工车轮，零件图如图3-38所示，主要以普通车削为主，需要学习车工新技能——车内孔、较大直径工件的车断。请依据图样和工艺卡，按照普通车削要求，完成零件的加工和检测。
>
>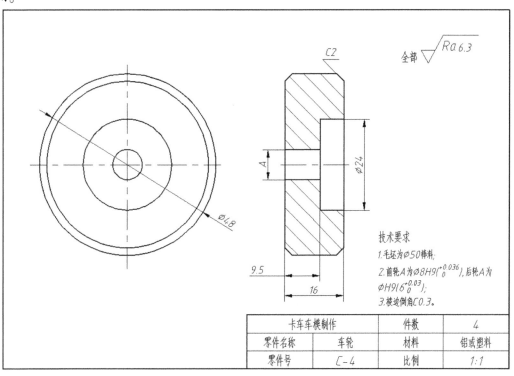
>
> 图3-38　车轮零件图
>
> **任务目标**
> 1. 在教师的指导下，能正确分析车轮零件图及其车削工艺。
> 2. 能独立选用外圆车刀用于加工车轮。
> 3. 在老师的指导下，能正确使用内孔车刀进行车内孔。
> 4. 在教师的指导下，能正确操作普通车床，完成车轮的加工及检测。
>
> **建议完成本教学任务为4学时。**

 学习准备

一、车内孔的方法与注意事项

车内孔前必须车平右端面、钻中心孔，再用钻头钻一个适当直径的孔（见本项目任务6在车床上钻孔相关内容），以便内孔车刀进入孔中进行车孔。

79

1. 安装内孔车刀

（1）测量保证正确的刀尖高度。

（2）装夹内孔车刀：纵向对正装夹，若所车的孔较深，应保证足够的伸出长度，如图3-39所示。

（3）移动刀架使内孔车刀试进入工件内孔（刀尖不能碰到工件），观察内孔车刀与工件内孔壁有无干涉现象，若有，应调整装刀角度或者修磨内孔刀。

图3-39　安装内孔车刀

2. 车内孔

以车沉孔为例，应先进行试车，一般步骤如图3-40所示。

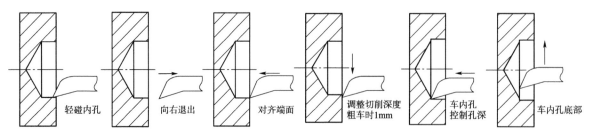

轻碰内孔　　向右退出　　对齐端面　　调整切削深度粗车时1mm　　车内孔控制孔深　　车内孔底部

图3-40　车沉孔的方法

进行一次试车后，测量孔径及孔深，调整下一次车削的切削深度和孔深，最后进行精车。

二、较大直径工件的车断方法

当工件的直径较大时，可按以下步骤车断。

（1）根据工件车断后所需长度确定车断刀位置，即车断刀右刀尖到工件右端面的距离，可参考表3-7最后一步。

（2）车第一个槽，如图3-41a)所示。

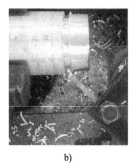

a)　　　　　b)　　　　　c)　　　　　d)

图3-41　较大直径工件的车断方法

项目三 以普通车削为主的车模零件制作

(3)倒角,如图3-41b)所示,也可以车断后调头装夹再倒角。

(4)在第一个槽的左边再车一个更深的槽,如图3-41c)所示。

(5)重新定位到第一个槽的位置,继续车槽,如图3-41d)所示,如此反复,直至车断。

任务实施

1. 分析零件图

读图3-38车轮零件图可知,该零件的材料为 $\phi50$mm 铝棒或塑料棒,件数为4件;

该零件为轮盘类零件,外圆直径为 $\phi48$mm,长16mm,两端倒角 $C2$,轴线上沉孔的直径为 $\phi24$mm,通孔的直径为 A,且前后轮尺寸不一样,其中前轮为 $\phi8H9(^{+0.036}_{0})$mm,与前轮轴间隙配合,后轮为 $\phi6H9(^{+0.03}_{0})$mm,与后轮轴间隙配合,基本偏差代号均为H9/g9。

表面精度要求为全部 $Ra3.2\mu m$。

此车轮的车削加工内容包括端面、外圆、钻孔、车孔、倒角和车断。

2. 读懂工艺卡

车轮车削加工工艺卡见表3-21,请详细阅读并理解加工工艺。

车轮车削加工工艺卡　　　　　　　　　　　　　表3-21

(企业名称)			机械加工工艺卡				产品名称		卡车车模	图号		C-4
							零件名称		车轮	共1页		第1页
材料	铝	毛坯种类	棒料	毛坯尺寸	$\phi50$mm棒料	毛坯件数	4	每台件数	1	备注		
工序	工种	工步	工序内容			车间	工段	设备	工艺装备		工时	
									夹具	刀具	量具	准终	单件
1	车	(1)	装夹工件,右端伸出30mm,找正工件;粗、精车右端面,保证 $Ra3.2\mu m$					C6132车床	三爪自定心卡盘	90°外圆车刀	钢直尺		
		(2)	钻中心孔,用钻头(前轮 $\phi7.8$mm,后轮 $\phi5.8$mm)钻孔,深度18mm,用铰刀铰孔(前轮 $\phi8$mm,后轮 $\phi6$mm),用 $\phi22$mm钻头钻孔,深度4mm							中心钻、钻头、铰刀	游标卡尺		
		(3)	内孔车刀车 $\phi24$mm 的内孔(深度6.5mm),保证 $Ra3.2\mu m$							内孔刀			
		(4)	粗、精加工外圆至48mm±0.05mm,长度23mm,保证 $Ra3.2\mu m$							90°外圆车刀			
		(5)	倒角 $C2$										
		(6)	切断工件,长度为16.5mm							车槽刀	钢直尺		
2		(1)	工件调头,用软爪装夹,右端伸出8mm,找正工件,粗、精加工端面,长度为16mm±0.1mm,保证 $Ra6.3\mu m$							90°外圆车刀	游标卡尺		
		(2)	倒角 $C2$							车槽刀			
3			去毛刺,倒角,检测										
							设计(日期)		校对(日期)	审核(日期)	标准化(日期)	会签(日期)
标记	处数	更改文件号	签字	日期								

3. 加工准备

根据工艺卡的要求准备工装夹具,到仓库领取材料、刀具、量具等生产资料(表3-22)。

生产资料表　　　　　　　　　　　　　　　　　　　　　　　　　　表3-22

序号	项目	名称、规格、数量等
1	材料	φ50mm 铝棒
2	刀具	90°外圆车刀,车槽刀,中心钻,钻头 φ7.8、φ5.8、φ22mm,铰刀 φ8、φ6mm,内孔车刀
3	量具	钢直尺、游标卡尺、表面粗糙度样板
4	其他	软爪或薄铜片(1mm)、铜棒、安全护具等

4. 操作加工

根据表3-23的要求,完成车轮的加工。

车轮加工步骤　　　　　　　　　　　　　　　　　　　　　　　　　表3-23

工步	加工简图	操作步骤	主轴转速 (r/min)	进给量 (mm/r)	切削深度 (mm)
1. 车端面		装夹工件,右端伸出30mm,找正工件;安装90°外圆车刀,并精确对刀 (1)粗车右端面	360	0.2	0.5
		(2)精车右端面,保证表面粗糙度 $Ra3.2\mu m$	560	0.1	0.2
2. 钻中心孔		在尾座安装中心钻,钻中心孔	560	手动	2.5
3. 钻小孔		在尾座上装钻头(前轮 φ7.8mm,后轮 φ5.8mm),钻孔,深度18mm	360	手动	3.5
4. 铰孔		在尾座上装铰刀(前轮 φ8mm,后轮 φ6mm),铰孔[前轮 $\phi 8H9(^{+0.036}_{0})$ mm,后轮 $\phi 6H9(^{+0.03}_{0})$ mm],深度18mm	360	手动	0.5
5. 钻大孔		在尾座上装上 φ22mm 钻头,钻 φ22mm 孔,深度2mm (注意钻头尖部的长度,不能钻太深,避免超过 φ22mm 孔深6.5mm。)	360	手动	7
6. 车内孔		将刀架转到另一装刀位置,安装内孔车刀,并精确对刀 (1)粗车孔至 φ23.5mm,深6.3mm	360	0.2	0.5
		(2)精车孔至 φ24mm,深6.5mm。保证表面粗糙度 $Ra3.2\mu m$	560	0.1	0.25

续上表

工步	加工简图	操作步骤	主轴转速 (r/min)	进给量 (mm/r)	切削深度 (mm)
7. 车外圆		将刀架转到90°外圆车刀 (1) 粗车外圆至48.5mm,长度23mm (2) 精车外圆至48mm±0.05mm,长度23mm,保证表面粗糙度Ra3.2μm	360 560	0.2 0.1	0.5 0.25
8. 倒角		将刀架转到另一装刀位置,安装车槽刀,并精确对刀;倒角C2	360	手动	
9. 车断		车断工件,长度16.5mm	360	手动	刀宽
10. 调头车端面		工件调头用软爪装夹,右端伸出8mm,把刀架转到90°外圆车刀处 (1) 粗车右端面 (2) 精车右端面,保证工件总长16mm,表面粗糙度Ra3.2μm	360 560	0.2 0.1	0.5 0.3
11. 倒角		倒角C2	360	手动	

任务评价

(1) 回顾本任务的学习,你是否能做到:
① 能否正确读懂图3-38车轮零件图图样,并正确分析其加工工艺?
② 能否独立选用车刀用于加工车轮?
③ 在老师的指导下,能否正确使用内孔刀进行车内孔?
④ 根据车轮零件图的技术要求对工件进行综合检测并填写表3-24。在老师的指导下加工的车轮零件是否合格?
⑤ 能否按车间安全及管理要求完成场地和设备的整理、清洁、维护等日常工作?

(2) 问答:
① 车轮零件的加工顺序中,为什么要先车内孔后车外圆?如果调换顺序会有什么不同?
② 如果车沉孔时不小心车太深了,该如何解决?
③ 车轮零件的沉孔还有没有更好的加工方法?

综合检测表（未注公差的尺寸按 GB/T 1804-m 检验）（单位：mm）　　表 3-24

检测项目	检测内容	自检	小组检	质检	结　果
前轮内孔 $\phi 8H9(^{+0.036}_{0})$ 后轮内孔 $\phi 6H9(^{+0.03}_{0})$	IT9				
沉孔 $\phi 24$	IT(±0.2)				合格（　　） 不合格（　　）
长度 9.5	IT(±0.1)				
外径 $\phi 48$	IT(±0.3)				
长度 16	IT(±0.2)				
倒角 C2	2 处				
表面粗糙度 $Ra3.2\mu m$	合格/不合格				
缺陷	有无碰伤、残留				

（3）查一查：

①查找加工内孔的其他方法，在班上交流。

②车轮要相对于轮轴转动，为减少轮轴与车轮配合处的外圆柱面磨损，可考虑设计多一个简单的轴套进行装配。

任务 7　变速器模型的加工

> **任务描述**
>
> 本任务加工变速器模型，零件图如图 3-42 所示，是以车为主的车、铣、钳综合加工零件，需要学习车工新技能——车外圆锥。请依据图样和工艺卡，按照要求完成零件的加工和检测。

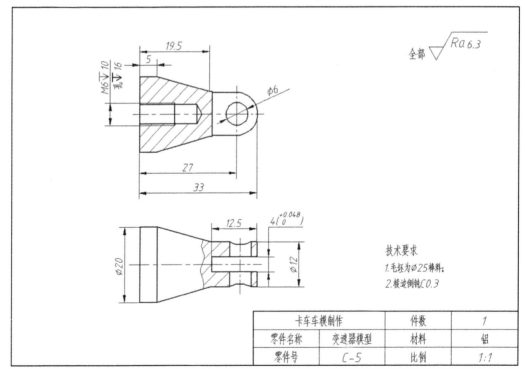

图 3-42　变速器模型零件图

项目三 以普通车削为主的车模零件制作

> ▷ **任务目标**
> 1. 在教师的指导下,能正确分析变速器模型零件图及其加工工艺。
> 2. 能独立选用刀具用于加工变速器模型。
> 3. 在老师的指导下,能正确车削变速器模型的外圆锥和锉削圆角。
> 4. 在教师的指导下,能正确操作普通机床,完成变速器模型的加工及检测。
>
> **建议完成本教学任务为 6 学时。**

学习准备

车床上车外圆锥的方法有转动小滑板法、赶刀法(同时手动转动大手轮与中手轮实现斜向进给)和靠模法三种。其中以转动小滑板法最常见,如变速器模型这样的小锥度圆锥可以用转动小滑板法,该零件圆锥未知圆锥具体角度,可用以下方法试车,如图 3-43 所示。

(1)圆锥的两端外圆先车好,如图 3-43a)所示。

(2)确定圆锥结束处的位置:测量外圆刀刀尖到工件右端面距离为 28mm,启动主轴在该处划一条浅浅的痕迹,如图 3-43b)所示。

(3)估计一下该圆锥的角度,估值偏大偏小都没关系,例如 12°(或 18°),逆时针转动小滑板至 12°(方法见表 3-3),还应适时调整外圆车刀安装角度避免副切削刃与工件干涉,如图 3-43c)所示。

(4)启动主轴,转动小手轮(注意不是大手轮)进行试车,试车两三次后观察圆锥,若右边余量多,如图 3-43d)所示,则试车角度偏小;若左边余量多,如图 3-43e)所示,则试车角度偏大。

(5)根据试车结果,适当调整小滑板的角度(一般每次调整 2°),再一次进行试车,如此反复,直至试车结果最接近所要的圆锥为止,如图 3-43f)所示为 15°,最后进行精车。

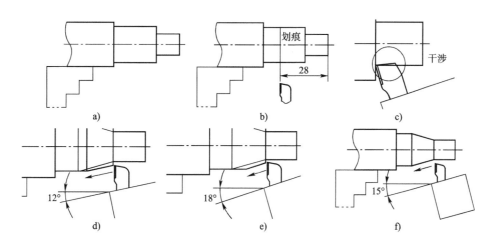

图 3-43 试车法车圆锥

1. 分析零件图

读图 3-42 变速器模型零件图可知,该零件的材料为 $\phi25$ 铝棒,件数为 1 件。

该零件左右两边分别有一段 φ20mm 和 φ12mm 外圆柱,中间有一段圆锥,总长为 33mm,零件左端轴向有螺纹 M6,右端有一个径向通孔 φ6mm 和一个通槽 4mm×12.5mm,用于与万向节配合安装,孔与槽垂直相交。

表面精度要求为全部 $Ra3.2\mu m$。

此变速器模型为综合加工,其中车削加工包括端面、外圆柱面、外圆锥面、车断、钻孔和倒角,铣削加工有钻孔、铣槽,钳工加工有攻螺纹和锉圆角。

2. 读懂工艺卡

变速器模型综合加工工艺卡见表 3-25,请详细阅读并理解加工工艺。

变速器模型综合加工工艺卡 表 3-25

(企业名称)			机械加工工艺卡				产品名称	卡车车模		图号	C-5
							零件名称	变速器模型		共1页	第1页
材料		硬铝	毛坯种类	棒料	毛坯尺寸	φ25mm 棒料	毛坯件数	1	每台件数	1	备注
工序	工种	工步	工序内容			车间	工段	设备	工艺装备		工时
									夹具	刀具	量具	准终	单件
1	车	(1)	用卡爪装夹工件,右端伸出 50mm,找正工件;粗、精车右端面,保证 $Ra3.2\mu m$					C6132 车床	三爪自定心卡盘、活动顶尖	90°外圆车刀	游标卡尺 钢直尺		
		(2)	粗、精车外圆至 φ20mm,长度 38mm									
		(3)	粗、精车外圆至 φ12mm,长度 13.5mm									
		(4)	粗、精车圆锥									
		(5)	车断,总长 33.5mm							切断刀		
		(6)	工件调头用软爪装夹,车端面保证总长 33mm							90°外圆车刀		
		(7)	钻中心孔							中心钻		
		(8)	钻螺纹 M6 的底孔,深度 16mm,孔口倒角							φ5mm 钻头	游标卡尺	
		(9)	清毛刺,检测									
2	攻	(1)	用 M6 丝锥攻螺纹,深度 10mm			钳工台				M6 丝锥		
3	划线	(1)	用V形块加垫片在虎钳上装夹工件;划工件小端径向孔 φ6mm 的中心线;划轴向槽的中心线及轮廓线			划线平台					游标卡尺 高度游标划线尺	
4	铣	(1)	把工件连虎钳一起放在铣床工作台上;用中心钻钻中心孔,用 φ6mm 的钻头钻通孔					XJ6325A 铣床	V形块+虎钳	φ6mm 钻头		
		(2)	把虎钳换个角度放置,用分中器找出工件中心;用 φ4mm 的铣刀铣槽,深度 12.5mm							φ4mm 直柄四刃立铣刀	分中器 游标卡尺	
5	锉	(1)	锉工件小端处的圆角							锉刀		
			清毛刺,检测									
						设计(日期)	校对(日期)		审核(日期)	标准化(日期)		会签(日期)
标记	处数	更改文件号	签字	日期							

3. 加工准备

根据工艺卡的要求准备工装夹具,到仓库领取材料、刀具、量具等生产资料(表3-26)。

生产资料表　　　　　　　表3-26

序　号	项　目	名称、规格、数量等
1	材料	φ25mm 铝棒
2	刀具	90°外圆车刀、车槽刀、φ6mm 钻头、φ4mm 立铣刀、M6 丝锥
3	量具	钢直尺、游标卡尺、高度游标划线尺、表面粗糙度样板
4	其他	分中器、软爪或薄铜片(1mm)、铜手锤、毛刷、安全护具等

4. 操作加工

根据表3-27的要求,完成变速器模型的加工。

变速器模型加工步骤　　　　　　　表3-27

工步	加工简图	操作步骤	主轴转速 (r/min)	进给量 (mm/r)	切削深度 (mm)
1. 车端面	(图:50)	装夹工件,右端伸出50mm,找正工件,安装90°外圆车刀,并精确对刀 (1)粗车右端面 (2)精车右端面,保证表面粗糙度 $Ra3.2\mu m$	360 560	0.2 0.1	0.5 0.2
2. 车外圆	(图:φ20, 38)	(1)粗车外圆至φ20.5mm,长度38mm (2)精车外圆至φ20mm,长度38mm,保证 $Ra3.2\mu m$	360 560	0.2 0.1	0.5 0.25
3. 车外圆	(图:φ12, 13.5)	(1)粗车外圆至φ12.5mm,长度13.5mm (2)精车外圆至φ12mm,长度13.5mm,保证 $Ra3.2\mu m$	360 560	0.2 0.1	0.5 0.25
4. 车圆锥	(图:15°)	把小滑板调整至逆时针旋转15°,调整外圆刀安装角度 (1)粗加工锥度 (2)精加工锥度,保证 $Ra3.2\mu m$	360 560	手动 手动	0.5 0.2
5. 车断	(图:33.5)	将刀架转到另一装刀位置,安装车槽刀,并精确对刀,车断工件,总长33.5mm	360	手动	刀宽
6. 调头车端面	(图:33)	工件调头用软爪装夹,伸出2mm,用外圆刀车端面,保证总长33mm, $Ra3.2\mu m$	360	0.2	0.2

续上表

工步	加工简图	操作步骤	主轴转速（r/min）	进给量（mm/r）	切削深度（mm）
7. 钻中心孔		尾座装上中心钻，钻中心孔	560	手动	1.5
8. 钻孔		尾座装上 $\phi 5mm$ 钻头 (1) 钻孔，深度 16mm (2) 用 $\phi 8mm$ 钻头在孔口倒角	360	手动	2.5
9. 攻螺纹		用垫片在平口钳上装夹工件，攻螺纹，深度 10mm		手动	手动
10. 划线		用V形块加垫片在虎钳上装夹工件，工件小端伸出钳口足够长度用于加工槽的深度 12.5mm (1) 划小端径向孔 $\phi 6mm$ 的中心线 (2) 划轴向槽的中心线及轮廓线			
11. 钻中心孔		铣床主轴安装中心钻，钻 $\phi 6mm$ 孔的中心孔	560	手动	1.5
12. 钻孔		铣床主轴安装 $\phi 6mm$ 钻头，钻 $\phi 6mm$ 通孔	360	手动	3

项目三　以普通车削为主的车模零件制作

续上表

工步	加工简图	操作步骤	主轴转速 (r/min)	进给量 (mm/r)	切削深度 (mm)
13.铣槽		把虎钳换个角度放置,用分中器找出工件中心,如左图所示 用φ4mm 的铣刀铣槽:先试铣一下,测量保证槽的两边宽度相等,如下图 a)所示,再铣槽至深度12.5mm,如下图 b)所示	360	手动	2
14.锉圆角		用锉刀锉工件小端处的圆角,结果如下图所示	手动	手动	手动

任务评价

(1)回顾本任务的学习,你是否能做到:
①能否正确读懂图 3-42 变速器模型零件图图样,并正确分析其加工工艺?
②能否独立选用刀具用于加工变速器模型?
③能否正确车削外圆锥和锉削圆角?
④根据变速器模型零件图的技术要求对工件进行综合检测并填写表3-28。在老师的指导下,加工的变速器模型零件是否合格?

综合检测表(未注公差的尺寸按 GB/T 1804-m 检验)(单位:mm)　　表3-28

检测项目	检测内容	自检	小组检	质检	结　果
外径 φ20	IT(±0.1)				
外径 φ12	IT(±0.09)				
长度 33	IT(±0.2)				
长度 5	IT(±0.1)				
长度 19.5	IT(±0.15)				合格(　)
内孔 φ6	IT(±0.09)				不合格(　)
槽宽 4($^{+0.048}_{0}$)	IT				
槽深 12.5	IT(±0.1)				
圆锥					
螺纹 M6	合格/不合格				

续上表

检测项目	检测内容	自检	小组检	质检	结　果
螺孔深16	IT(±0.2)				合格(　　)
表面粗糙度 Ra3.2μm	合格/不合格				不合格(　　)
圆角	2处				
缺陷	有无碰伤、残留				

⑤能否继续做好场地和设备的整理、清洁、维护等日常工作？

(2)问答：

①你知道如何通过已知条件计算出圆锥的准确角度吗？

②你所知道的关于圆锥的标注有哪些？各有什么含义？

(3)查一查：

查找常见的汽车变速器类型，了解其结构。

任务8　传动轴的加工

⇨ **任务描述**

本任务加工传动轴，零件图如图3-44所示，是以车为主的车、铣、钳综合加工零件，需要学习车工新技能——一夹一顶的装夹方式。请依据图样和工艺卡，按照机床操作要求完成零件的加工和检测。

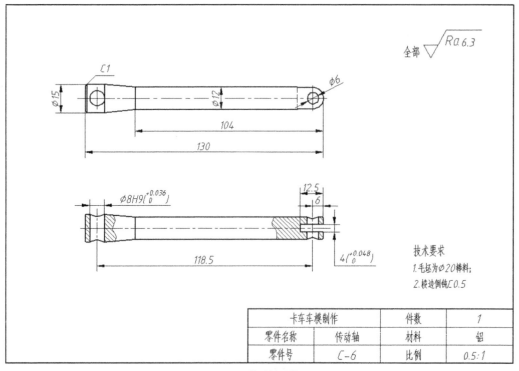

图3-44　传动轴零件图

项目三 以普通车削为主的车模零件制作

> **任务目标**
> 1. 在教师的指导下，能正确分析传动轴零件图及其加工工艺。
> 2. 在教师的指导下，能正确使用一夹一顶的方式装夹传动轴。
> 3. 能独立选用刀具用于加工传动轴，能独立加工传动轴的圆锥和锉圆角。
> 4. 在教师的指导下，能正确操作普通机床，完成传动轴的加工及检测。
>
> **建议完成本教学任务为 6 学时。**

学习准备

一夹一顶的装夹方式。当细长轴工件在装夹时需伸出较长距离时，可以用一夹一顶的方式装夹，即工件左端用卡盘夹持，右端用顶尖支撑，如图 3-45 所示，以增加工件的刚度与稳定性，提高加工质量。

（1）使用顶尖前应车平工件右端面并打中心孔，用顶尖装夹好工件后，应启动主轴试运行保证顶尖与工件紧密接触。

（2）在用外圆刀加工工件上靠近顶尖的一端外圆时，刀具副后面容易与顶尖发生碰撞，可以用以下方法解决：

① 调整刀具的安装角度，但这个方法调整的角度很有限，要保证刀具安装可靠。

② 转动刀架，如图 3-45a）、b）所示，注意加工到靠近卡盘时要避免刀架撞到卡盘。

③ 修磨车刀副后面甚至使用尖刀，如图 3-45c）所示，此方法最方便和安全。

a)　　　　　　　　　　b)　　　　　　　　　　c)

图 3-45　使用顶尖时对刀具的处理

任务实施

1. 分析零件图

读图 3-44 传动轴零件图可知，该零件的材料为 $\phi20$mm 铝棒，件数为 1 件。

该零件为细长轴，两边分别有一段 $\phi15$mm、$\phi12$mm 两段外圆柱和中间一段外圆锥，总长为 130mm，$\phi12$mm 外圆柱长为 104mm，右端有一个径向孔和一个轴向槽（尺寸和结构都与变速器模型相应位置类似，用于与万向节配合安装），左端有个径向孔，方向与右端孔同向，用于与后轮轴间隙配合，直径为有注公差尺寸 $\phi8H9(^{+0.036}_{0})$mm，基本偏差代号为 H，精度等级为 IT9，上极限偏差为 +0.036mm，下极限偏差为 0mm。

91

表面精度要求为全部 $Ra6.3\mu m$。

此传动轴需综合加工,其中车削加工包括端面、外圆柱面、外圆锥面和倒角,铣削加工有钻孔、铰孔和铣槽,钳工加工有锉圆角。

2. 读懂工艺卡

传动轴综合加工工艺卡见表3-29,请详细阅读并理解加工工艺。

传动轴综合加工工艺卡　　　　表3-29

(企业名称)			机械加工工艺卡			产品名称	卡车车模	图号	C-6
						零件名称	传动轴	共1页	第1页
材料	硬铝	毛坯种类	棒料	毛坯尺寸	φ20mm 棒料	毛坯件数	1	每台件数	1	备注	
工序	工种	工步	工序内容	车间	工段	设备	工艺装备			工时	
							夹具	刀具	量具	准终	单件
1	车	(1)	装夹工件,右端伸出10mm,找正工件;粗、精车端面,保证$Ra3.2\mu m$			C6132车床	三爪自定心卡盘	90°外圆车刀	游标卡尺 钢直尺		
		(2)	钻中心孔								
		(3)	一夹一顶装夹工件,右端伸出145mm;粗、精加工工件外圆至φ15mm,长度135mm,保证$Ra3.2\mu m$								
		(4)	粗、精加工工件外圆至φ12mm,长度104mm,保证$Ra3.2\mu m$								
		(5)	粗、精加工圆锥,保证$Ra3.2\mu m$								
		(6)	切槽,倒角,切断工件,长度130mm					车槽刀			
2	划线	(1)	划两端φ6mm、φ8mm 孔的中心线;划一端槽的轮廓线			划线平台	V形块、虎钳		游标卡尺高度游标划线尺		
3	铣	(1)	安装φ6mm 钻头,分别钻两端通孔φ6mm			XJ6325A铣床		φ6mm 钻头	分中器、游标卡尺		
		(2)	安装φ8mm 铰刀,铰孔$\phi 8H9({}^{+0.036}_{0})$ mm					φ8mm 铰刀			
		(3)	安装φ4mm 直柄四刃立铣刀,铣槽,宽4mm、深12.5mm					φ4mm 直柄四刃立铣刀			
4	钳	(1)	锉削圆角			钳工台		锉刀			
			清毛刺,检测								
				设计(日期)		校对(日期)		审核(日期)	标准化(日期)	会签(日期)	
标记	处数	更改文件号	签字	日期							

3. 加工准备

根据工艺卡的要求准备工装夹具,到仓库领取材料、刀具、量具等生产资料(表3-30)。

生产资料表　　　　表3-30

序号	项目	名称、规格、数量等
1	材料	铝 φ20mm 长料
2	刀具	90°外圆车刀、车槽刀、φ6mm、φ8mm 钻头、φ4mm 直柄四刃立铣刀、锉刀
3	量具	钢直尺、游标卡尺、高度游标划线尺、表面粗糙度样板
4	其他	分中器、软爪或薄铜片(1mm)、铜手锤、毛刷、安全护具等

4. 操作加工

根据表 3-31 的要求,完成传动轴的加工。

传动轴加工步骤　　　　　　　　　　　表 3-31

工步	加工简图	操作步骤	主轴转速 (r/min)	进给量 (mm/r)	切削深度 (mm)
1. 车端面		装夹工件,右端伸出10mm,找正工件,安装90°外圆车刀,并精确对刀 (1)粗车右端面 (2)精车右端面,保证表面粗糙度 $Ra3.2\mu m$	360 560	0.2 0.1	0.5 0.2
2. 钻中心孔		尾座安装中心钻,钻中心孔	560	手动	2.5
3. 车外圆		一夹一顶装夹工件,右端伸出145mm (1)粗车工件外圆至 $\phi15.5$mm,长度135mm (2)精车工件外圆至 $\phi15$mm,长度135mm,保证 $Ra3.2\mu m$	360 560	0.2 0.1	0.5 0.25
4. 车外圆		(1)粗车工件外圆至 $\phi12.5$mm,长度103.8mm (2)精车工件外圆至 $\phi12$mm,长度104mm, $Ra3.2\mu m$	360 560	0.2 0.1	0.5 0.25
5. 车圆锥		把小滑板调整至逆时针转动5° (1)粗加工锥度 (2)精加工锥度,保证 $Ra3.2\mu m$ (圆锥的加工方法见本项目任务8)	360 560	0.2 0.1	0.5 0.25
6. 车断		将刀架转到另一装刀位置,安装车槽刀,并精确对刀 车槽,倒角C1,车断工件,长度130mm	260	手动	刀宽
7. 划线		用V形块加垫片在虎钳上装夹工件,工件两端伸出的长度应保证能顺利加工孔和槽 (1)划两端 $\phi4$mm、$\phi6$mm孔的中心线 (2)划一端槽的轮廓线			

续上表

工步	加工简图	操作步骤	主轴转速（r/min）	进给量（mm/r）	切削深度（mm）
8.钻孔		把工件连同虎钳放置在铣床工作台上 主轴安装中心钻： (1)钻工件两边孔的中心孔,主轴安装 ϕ7.8mm 钻头 (2)钻两端通孔 ϕ7.8mm,主轴安装 ϕ8mm 铰刀 (3)铰大端的通孔 ϕ8H9($^{+0.036}_{0}$)mm	560	手动	1.5
			360	手动	3
9.铣槽		把虎钳换个角度放置,小端朝上,用分中器找出工件中心,安装 ϕ4mm 的直柄四刃立铣刀,铣槽,宽4mm、深12.5mm (铣槽时应先试铣,具体见任务8)	360	手动	2
10.圆角		用锉刀锉工件小端处的圆角			

任务评价

(1)回顾本任务的学习,你是否能做到：

①能否正确读懂图3-44传动轴零件图图样,并正确分析其加工工艺？

②能否独立选用刀具用于加工传动轴？

③能否独立车削传动轴的圆锥及锉圆角？

④根据传动轴零件图的技术要求对工件进行综合检测并填写表3-32。在老师的指导下,加工的传动轴零件是否合格？

综合检测表(未注公差的尺寸按 GB/T 1804-m 检验)(单位:mm)　　　　　表 3-32

检 测 项 目	检测内容	自检	小组检	质检	结　　果
内孔 $\phi 8H9(^{+0.036}_{0})$	IT9				
内孔 $\phi 6$	IT(± 0.1)				
孔中心距 118.5	IT(± 0.4)				
外径 $\phi 15$	IT(± 0.2)				
外径 $\phi 12$	IT(± 0.18)				合格(　)
长度 130	IT(± 0.5)				不合格(　)
槽宽 $4^{+0.048}_{0}$	IT10				
槽深 12.5	IT(± 0.1)				
圆锥					
圆角	1 处				
表面粗糙度 $Ra3.2\mu m$	合格/不合格				
倒角 $C1$	1 处				
缺陷	有无碰伤、残留				

⑤能否继续做好场地和设备的整理、清洁、维护等日常工作？

(2)问答：

仔细测量传动轴每处外圆尺寸的偏差，思考用一夹一顶的装夹方法车削出来的工件外圆直径有什么特点。

(3)想一想：

查找车削细长轴时的其他处理方法，如中心架、跟刀架的使用方法。

项目四　以普通铣削为主的车模零件制作

　项目描述

卡车车模中油箱模型、转向拨杆、发动机模型等零件均属于箱体类零件,主要用普通铣床来加工。

本项目学习内容:普通铣床的基本操作练习和以普通铣削为主的车模零件的加工,按由易到难的顺序进行,共分 8 个任务,安排如下:

(1)普通铣床的基本操作练习。
(2)油箱模型的加工[图 4-1a)]。
(3)转向拨杆的加工[图 4-1b)]。
(4)万向节的加工[图 4-1c)]。
(5)发动机模型的加工[图 4-1d)]。
(6)座椅的加工[图 4-1e)]。
(7)后轴承座副的加工[图 4-1f)]。
(8)转向盘零件的加工[图 4-1g)]。

　　a)　　　　　　　b)　　　　　　　c)　　　　　　　d)

　　e)　　　　　　　f)　　　　　　　g)

图 4-1　项目四学习内容

项目目标

1.能对照车模零件的加工设备普通铣床,独立叙述其各组成部分的名称及作用,能在 7min 内独立完成铣床的三项基本操作。

2.在教师的指导下,能正确选用铣刀用于加工车模零件;能够认识并正确使用钻头在铣床上钻孔。

3.在教师的指导下,能初步学会分析车模零件的图样和铣削工艺,并能制定转向拨杆零件的工艺。

4.在教师的指导下,能按照实训要求正确操作普通铣床,完成油箱模型以及以普通铣削为主的车模零件的加工及检测。

建议完成本教学项目为 58 学时。

任务1　普通铣床的基本操作练习

> **任务描述**
> 　　本任务通过普通铣床的基本操作练习,学习普通铣床相关基础知识,为加工以普通铣削为主的卡车零件打下基础。
>
> **任务目标**
> 　　1. 能对照普通铣床独立叙述其各组成部分的名称及作用。
> 　　2. 能在1min内独立完成指定的方向进给操作:按要求转动手柄,使工作台按指定的方向移动。
> 　　3. 能在1min内独立完成铣床的拆装刀具操作。
> 　　4. 能在5min内完成皮带轮换挡和调速操作:根据转速表中给定的转速,正确调整皮带轮挡位,正确调整高低速开关和倒顺电气开关并进行试运转操作。
> 　　**建议完成本教学任务为8学时。**

学习准备

普通铣床基本认识。

1. 铣削概述

铣削是用铣刀在铣床上的加工。种类多样的铣刀作旋转主运动,辅以工作台或铣头的进给运动,工件可获得各种几何形状的表面。本项目铣削加工内容主要有铣平面、斜面、沟槽、钻孔等,如图4-2所示,一般经过粗铣、精铣后,尺寸精度公差等级可达IT9～IT7级,表面粗糙度可达$Ra12.5～6.3\mu m$。

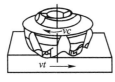

a) 铣端面　　　　　b) 铣垂直面　　　　　c) 铣沟槽

图4-2　本项目普通铣削内容

2. 普通铣床的型号

本教材的铣削加工以型号为XJ6325A的普通铣床作为加工设备,型号的含义为:

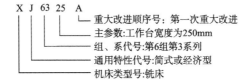

3. 普通铣床的结构

普通铣床如图4-3所示,由传动箱部分、床身部分、主轴部分、进给箱部分、横向进给部分、纵向进给部分、升降台部分、工作台部分、冷却部分和底座等主要部件组成。

铣床各组成部分及功能见表4-1。

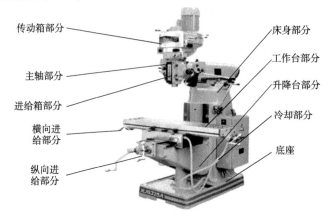

图4-3 XJ6325A 立式铣床

铣床各组成部分及功能 表4-1

名 称	功能或作用	名 称	功能或作用
传动箱部分	电动机输出的回转运动和动力,经主轴变速机构驱动主轴连同铣刀一起回转	床身部分	用来安装和连接铣床其他部件,床身正面有垂直导轨,可引导升降台上、下移动,床身顶部有燕尾形水平导轨,用以安装横梁并按需要引导横梁水平移动,床身内部安装有主轴和主轴变速机构
主轴部分	主轴是一根空心轴,前端有锥度7:24的圆锥孔,用来插入铣刀杆,电动机输出的回转运动和动力,经主轴变速机构驱动主轴连同铣刀一起回转,实现主运动	工作台部分	用以安装需用的铣床夹具和刀具
进给箱部分	实现高度方向的自动进给	升降台部分	可沿床身导轨上、下移动,用来调整工作台上下移动,实现工作台的升降
横向进给部分	位于升降台上水平导轨上,可带动工作台横向移动,实现横向进给	冷却部分	用以对加工过程中产生的热量进行降温
纵向进给部分	位于升降台上水平导轨上,可带动工作台纵向移动,实现纵向进给	底座	是整部机床的支撑部件,具有足够的强度和刚度,底座的内腔盛装切削液,供切削时冷却润滑

根据工件装夹和加工工艺要求,加工卡车车模零件时,需用到机用平口钳、三爪自定心卡盘和回转工作台三种附件,如图4-4所示。

a) 机用平口钳 　　b) 三爪自定心卡盘　　c) 回转工作台

图4-4 铣床常用的三种附件

项目四 以普通铣削为主的车模零件制作

任务实施

普通铣床的基本操作练习

1. 工作台进给操作练习

1）手动进给操作练习

进给是连续操作中使得工件移向刀具或刀具移向工件的运动。铣床有横向进给部分和纵向进给部分,操作时将手柄纵向加力,分别接通其手动进给离合器。转动工作台任何一个手动进给手柄,就能带动工作台做相应方向的手动进给运动。请按表4-2操作步骤练习手动进给。

手动进给操作练习步骤　　　　　　表4-2

操作步骤		工作台进给
1. 横向手柄操作	(1)顺时针转动横向手柄1——工作台向右移动    (2)逆时针转动横向手柄1——工作台向左移动    (3)顺时针转动横向手柄2——工作台向左移动   (4)逆时针转动横向手柄2——工作台向右移动  	
	总结:横、纵向手柄在顺时针转动时,工作台均向远离操作者的方向移动,逆时针转动时,工作台均向靠近操作者方向移动	

99

续上表

操作步骤		工作台进给
2. 纵向手柄操作	(5)顺时针转动纵向手柄——工作台向前移动	
	(6)逆时针转动纵向手柄——工作台向后移动	
3. 升降台手柄操作	(7)顺时针转动升降台手柄——工作台向上移动	
	(8)逆顺时针转动升降台手柄——工作台向下移动	

进给手柄刻度盘上刻有"1格＝0.05mm"字样，说明进给手柄每转过1小格，工作台移动0.05mm。转动各自的手柄，通过刻度盘控制工作台在各进给方向的移动距离。

立式铣床的加工过程中，例如：立铣刀铣削2mm深度，要求工作台上升2mm，为了方便计算，可先把刻度盘基准位置调到零位，如图4-5a)所示，转动刻度盘，使红线与零线对齐，如图4-5b)所示；再顺时针方向转动升降手动手柄，使红线与2mm的位置对齐，如图4-5c)所示。

除观察铣床刻度盘刻度外，安装了数字显示表的铣床还可以观察数字显示表上的变化，如图4-6所示，需要使用手动手柄零线对齐功能时，可按数字显示表上的 ABS/INC 键切换到相对坐标，然后按X0键 ■ 或Y0键 ■ 清零。

a) 零线不准

b) 对齐零线

c) 对准刻线

图4-5 升降台和工作台进给刻度盘

图4-6 铣床数字显示表

项目四　以普通铣削为主的车模零件制作

小提示

若加工时手柄转过所需的刻度值位置,会使工件加工尺寸发生变化或工件报废,所以快到所需刻度值时,要减速或用手轻拍手柄,慢慢接近并摇到位。

练一练：
(1)请转动进给手柄,控制转动速度在300mm/min,即每秒5mm。
(2)请将横向手柄的零线对齐,手动顺时针转动手柄,分别转到15mm、22.35mm、30mm、42.5mm处。
(3)请将纵向手柄的零线对齐,手动逆时针转动手柄,分别转13.5mm和20.75mm。

2)机动进给操作练习

XJ6325A型立式升降台铣床的工作台,在各个方向的机动进给手柄都有两副联动的复式操纵机构,使操作更加方便。工作台纵向机动进给手柄有三个位置,即"向左进给"、"停止"和"向右进给",操作步骤见表4-3。

机动进给操作步骤　　　　　　　　　　　　　　表4-3

	操 作 步 骤	工作台进给
1	打开开关	机动进给接合
2	手柄拨至向右	向右进给
3	手柄拨至向左	向左进给
4	拨至中间	不运动

101

续上表

操作步骤		工作台进给
5	调整进给速度	工作台移动速度增减(顺时针旋转增速,逆时针旋转减速)

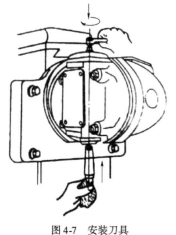

图 4-7 安装刀具

由此得出结论:机动进给手柄的设置使操作方便、不易出错。若机动进给手柄处于倾斜状态,则该方向的机动进给被接通。当机动进给手柄与进给方向处于垂直状态时,机动进给被停止;在主轴转动时,手柄向哪个方向倾斜,即向哪个方向进行机动进给。

2. 换刀操作

在加工之前必须把刀具装夹在铣床上,铣床主轴前端是 7:24 的锥孔,刀具通过该锥孔定位在主轴上,如图 4-7 所示。锥孔内备有拉杆,如图 4-8 所示,通过拉杆可将刀具拉紧。但应注意拉杆螺纹常有两种形式,一种是米制粗牙,另外一种是英制细牙,在装刀前要选择与夹头匹配的螺纹拉杆。

(1)弹簧夹头安装直柄立铣刀。在立式铣床上采用 $R8$ 弹簧夹头装夹直柄铣刀,如图 4-9 所示。

直柄立铣刀在立式升降台铣床上的安装步骤见表 4-4。

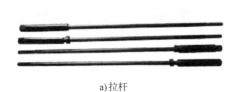

a)拉杆	b)螺纹对比	
图 4-8 拉杆		图 4-9 $R8$ 弹簧夹头

直柄立铣刀在立式升降台铣床上的安装步骤　　　　　　　　　表 4-4

操作步骤	示 意 图
1	关闭铣床电源

续上表

操作步骤		示 意 图
2	将铣床工作台停放到合适位置,预留出装刀空间	
3	将主轴伸出调整至最高处,锁紧主轴伸缩开关	 打开开关 　　　调整主轴伸出 　　　锁紧开关
4	拉刀螺杆从主轴上方放到主轴孔内	
5	将刀柄尾部放到主轴锥孔内,刀柄键槽对准主轴端面键,旋转拉刀杆并拧入刀柄尾部的螺纹孔内	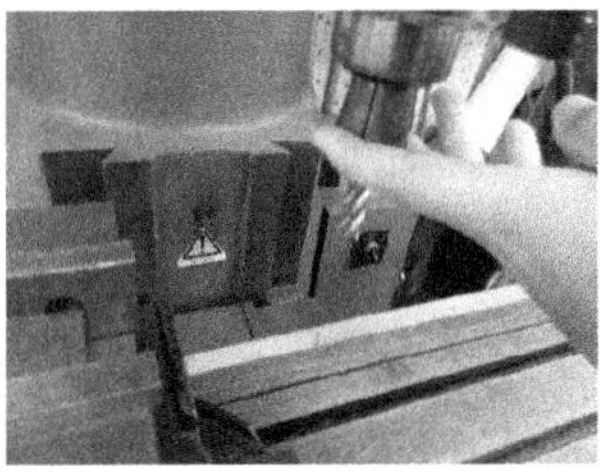
6	一手控制主轴制动,另一手配合拧紧拉刀螺杆,装刀完毕	

　　(2)用钻夹头安装直柄钻头。用钻夹头安装直柄钻头的方法比较简单,安装时,先将钻夹头锥柄擦干净,然后按表4-4中步骤2~5将钻夹头装入主轴固紧,最后安装刀具,用钻夹头钥匙固定钻夹头,将钻头紧固在钻夹头内,如图4-10所示。

　　由于钻夹头的最大张开直径一般为13mm,所以安装的钻头的直柄部分的直径应在13mm以下。

3. 主轴变速与启动

1) 高低挡和顺倒开关

XJ6325A 摇臂万能铣床变速有一个高低速转换开关手柄和一个电器倒顺开关，如图 4-11 所示，由低速挡转为高速挡，先将主轴高低速挡操纵手柄上抬，即 A 挡转 B 挡，如手柄在 B 的位置仍有晃动则再用手稍稍回转 V 形带，当听到"咔嗒"声，手柄自动跳到 B 位置，则证明已接通高速挡。高低速转换时，转向将发生改变，要与主电动机的倒顺开关（图 4-12）配合使用。

2) 调整变速箱皮带挡位

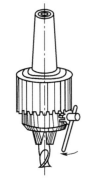

图 4-10 安装直柄钻头

如图 4-13 所示，打开皮带轮外盖，可以看到一对四级三角塔轮，皮带轮有四个挡位，按顺序与铭牌上的四列速度对应。改变转速时，要用手将皮带松下换在不同的挡位。

皮带轮在第一挡位，高低速挡手柄在 B 挡，倒顺电器开关在 I，试根据图 4-14 的转速表读出主轴转速。

a) 高低速转换器　　　　b) A——低速挡　　　　c) B——高速挡T

图 4-11 高低速转换

a) I——低速挡　　　　　　b) II——高速挡

图 4-12 倒顺电器开关（正反转各二级转速）

图 4-13 皮带轮挡位　　　　图 4-14 主轴转速表

调整变速箱皮带挡位步骤见表 4-5。

调整变速箱皮带挡位步骤　　　　表 4-5

	操作步骤	示意图
1	关闭铣床电源，将开关转到 Power-off 处，按下急停开关	

续上表

操作步骤		示意图
2	松开传动箱电动机位置锁紧扳手	
3	打开传动箱盖	
4	调整电动机位置,向铣头方向拉动手柄,使皮带处于松弛状态	
5	调整皮带挡位,先由直径大的轮调整成小轮,再将另一端调成大轮,挂轮后要检查是否完全调整到位,防止主轴旋转时掉皮带。	
6	调整电动机位置,往远离铣头方向推紧手柄,使皮带处于绷紧状态	
7	锁紧传动箱电动机位置扳手	
8	盖上传动箱盖,调整完成	

3）启动主轴旋转

在完成装刀、主轴调速（包括调整皮带轮和高低挡）后，按表4-6步骤启动主轴旋转。

启动主轴旋转操作步骤　　　　　　　　　　表4-6

操作步骤		示　意　图
1	开启铣床电源，将开关转到POWER-ON处	
2	顺时针旋开急停开关，使急停开关弹出	
3	接通机床控制电源（按下白色圆形按钮，接通前倒顺开关必须在0状态下）	
4	按转速要求打开倒顺开关，并调整高低挡，启动时要注意转动方向，可以用点动观察，即将倒顺开关拨到Ⅰ挡时迅速拨回0挡，在主轴由转动慢慢变成停止时观察主轴旋转方向	

练一练：请分别以顺时针202r/min；逆时针177r/min，顺时针555r/min启动主轴旋转。

 小提示

（1）启动摇臂万能铣床主轴前，要先检查铣刀是否远离工件，保持安全距离。
（2）主轴变速前必须停车。
（3）启动电动机前，松开主轴制动手柄，以免烧坏电动机。

 任务评价

（1）回顾本任务的学习，你是否能做到：
①能否对照普通铣床独立叙述其各组成部分的名称及作用？
②能否在1min内独立完成指定的方向进给操作，按要求转动手柄，使工作台按指定的各个方向移动？
③能否在1min内独立完成铣床的拆装刀具操作？

④能否在5min内完成皮带轮换挡和调速操作：根据转速表中给定的转速，正确调整皮带轮挡位，正确调整高低速开关和倒顺电气开关并进行试运转操作。

(2)问答：

①铣床有什么功能？

②主轴拉杆螺纹如果与R8夹头的螺纹不匹配能否使用？为什么？

(3)查一查：

①查找其他机床以及普通铣床的其他类型并记下其型号与含义。

②查找铣床的其他附件及作用。

任务2　油箱模型的加工

➡ 任务描述

本任务加工油箱模型零件，零件图如图4-15所示，是以普通铣削为主的铣、钳综合加工零件。请根据图样和工艺卡，按照普通铣削的要求，完成零件的加工和检测。

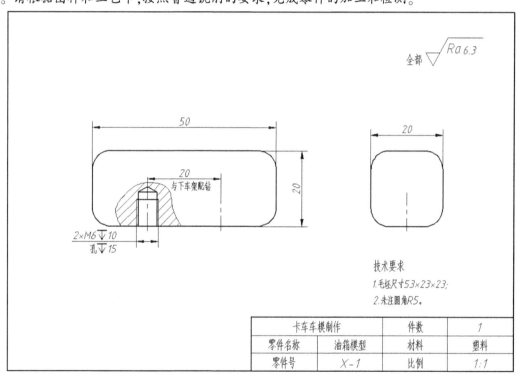

图4-15　油箱模型

➡ 任务目标

1. 在教师的指导下，能正确分析油箱模型零件图样，初步分析其铣削工艺。

2. 在教师的指导下，能正确选择刀具、量具用于加工油箱模型零件。

3. 在教师的指导下，能按照实训要求和六面体加工工艺要求正确操作普通铣床，完成油箱模型零件的加工及检测。

建议完成本教学任务为10学时。

学习准备

一、平口钳和工件的装夹

1. 平口钳

平口钳又名机用平口钳,如图 4-16 所示,它是铣床上的通用夹具。常用于安装小型工件。它是铣床、钻床的随机附件。将其固定在机床工作台上,用来夹持工件进行切削加工。平口钳的工作原理:用扳手转动丝杠,通过丝杠螺母带动活动钳身移动,形成对工件的夹紧与松开。

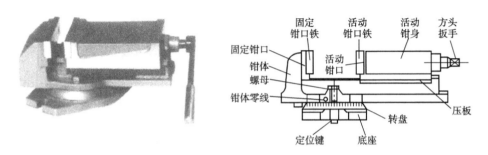

图 4-16 回转式机用平口钳

2. 平口钳的安装方法

使用平口钳装夹工件时,先将平口钳安装在机床工作台面上,定位键可以嵌入工作台的定位槽内,用螺钉夹紧固定。工件装夹在固定钳口铁和活动钳口铁之间,在方头上套入专用的手柄,用手搬动手柄夹紧工件。使用转盘可以使平口钳在水平面内转动所需的角度,转动的角度可以通过钳体零线和转盘的刻度确定。

3. 工件安装方法

工件装夹时以平口钳的固定钳口面作为定位基准,工件的基准面贴紧固定钳口面。在活动钳口与工件之间的中部垫一个圆棒,使夹紧力集中在钳口中部,如图 4-17 所示,以利于面与固定钳口可靠地贴紧。夹紧过程中,用铜手锤慢慢敲击工件的未加工表面,敲击工件的同时逐步锁紧平口钳,以确保工件与水平导轨面、固定钳口面和活动钳口面接合较好。

图 4-17 机用平口钳

小提示

工件装夹后一定要保证工件被加工平面完成铣削后比钳口平面高。

二、铣刀

铣刀的种类和规格很多,分类方法也有多种,按形状和用途分,有圆柱形铣刀、套式面铣刀(端铣刀)、面铣刀、立铣刀、键槽铣刀和角度铣刀等,在此只介绍本教材卡车车模中用到的铣刀。

1. 圆柱形铣刀

圆柱形铣刀一般用于在卧式铣床上用周铣方式加工较窄的平面,圆柱形铣刀有两种类型:粗齿圆柱形铣刀具有齿数少、刀齿强度高,容屑空间大,重磨次数多等特点,适用于粗加工;细齿圆柱形铣刀齿数多、工作平稳,适于精加工。

圆柱形铣刀结构如图4-18所示。

a) 整体式　　　　b) 镶齿式

图4-18　圆柱形铣刀

2. 面铣刀

面铣刀主要用在立式铣床或卧式铣床上加工台阶面和平面,特别适合较大平面的加工,主偏角为90°的面铣刀可铣底部较宽的台阶面。用面铣刀加工平面,同时参加切削的刀齿较多,又有副切削刃的修光作用,使加工表面粗糙度值小,因此可以用较大的切削用量,生产率较高,应用广泛。

整体式、机夹—焊接式和可转位式刀片如图4-19所示。

  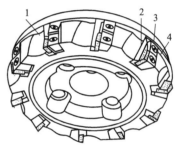

a) 整体式刀片　　　b) 镶焊接式硬质合金刀片　　　c) 机械夹固式可转位硬质合金刀片

图4-19　面铣刀

1-不重磨可转位夹具;2-定位座;3-定位座夹具;4-刀片夹具

3. 立铣刀

立铣刀圆周上的切削刃是主切削刃,端面上的切削刃是副切削刃,故切削时一般不宜沿铣刀轴线方向进给(图4-20)。为了提高副切削刃的强度,应在端刃前面上磨出棱边。

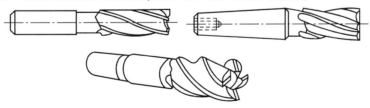

图4-20　立铣刀

铣刀尺寸规格的标记,一般均打印在铣刀柄部,其标注方法随铣刀形状不同略有区别。高速钢圆柱形铣刀一般以刀刃直径×刀柄直径×刀刃长度×刀具总长表示,如图4-21所示。

图4-21　高速钢立铣刀尺寸规格

表示刀刃直径16mm,刀柄直径16mm,刀刃长度45mm,刀具总长100mm。

油箱模型主要进行平面加工,宜采用立铣刀加工。

4. 成型铣刀

成型铣刀是指特定形状的铣刀,与工件的外形或者是外形的某一部分形状一致,在加工时可以按刀具的形状加工出特定的形状。如图4-22所示。

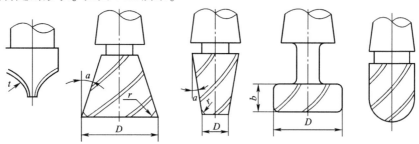

图4-22 成型铣刀

任务实施

1. 分析零件图

读图4-15 油箱模型可知,该零件的材料为塑料,毛坯尺寸为53mm×23mm×23mm。

该零件为六面体类零件,长50mm,宽和高均为20mm,底部有两螺纹M6,中心距为20mm。均为未注公差尺寸。零件的各棱边倒圆角R5。

表面粗糙度要求为全部$Ra6.3\mu m$。

综上所述,该零件用普通铣床加工符合经济加工原则。

该零件加工内容有铣六个平面,铣棱边圆角,钻螺纹底孔和攻螺纹等操作,所用的刀具有圆柱立铣刀和成型刀、钻头,量具有刀口直角尺、游标卡尺、高度游标划线尺和深度尺。

2. 读懂工艺卡

油箱模型加工工艺卡见表4-7,请详细阅读并理解加工工艺。

油箱模型加工工艺卡　　表4-7

（企业名称）			机械加工工艺卡			产品名称		卡车车模	图号		X-1
						零件名称		油箱模型	共1页		第1页
材料		塑料	毛坯种类	方料	毛坯尺寸	53mm×23mm×23mm	毛坯件数	1	每台件数	1	备注
工序	工种	工步	工序内容			车间	工段	设备	工艺装备		工时
									夹具	刀具	量具	准终	单件
0	锯		下料:塑料53mm×23mm×23mm					锯床		锯条	钢直尺		
1	铣	(1)	把工件铣削为六面体,尺寸为50mm×20mm×20mm					XJ6325A铣床	平口钳	直柄四刃立铣刀	游标卡尺刀口直角尺		
		(2)	按图样要求把工件各边铣削为圆弧,尺寸为R5							直柄外圆弧铣刀			
2	划线	(1)	划底部2个M6螺孔的中心线					划线平台		划针	高度游标划线尺		

续上表

工序	工种	工步	工序内容	车间	工段	设备	工艺装备			工时	
							夹具	刀具	量具	准终	单件
3	钻	(1)	用φ5mm钻头钻工件底部的M6螺孔底孔,孔深15mm			钻床	平口钳	φ5mm钻头			
4	攻	(1)	用M6丝锥攻2个M6螺孔深10mm			钳工台	钳工台		M6丝锥		
5			清毛刺,检测								
				设计(日期)		校对(日期)		审核(日期)		标准化(日期)		会签(日期)
标记	处数	更改文件号	签字	日期								

3. 加工准备

根据要求准备工装夹具,到仓库领取材料、刀具、量具等生产资料(表4-8)。

生产资料表　　　　表4-8

序号	项目	名称、规格、数量等
1	材料	塑料 53mm×23mm×23mm
2	刀具	φ16mm立铣刀、R5外圆弧刀、φ5mm麻花钻、M6丝锥
3	量具	游标卡尺、深度尺、游标高度划线尺、刀口直角尺
4	其他	R8弹簧夹头、薄铜片、铜手锤、平行垫块、圆棒、安全护具等

4. 操作加工

1) 装夹工件

工件的装夹应选择一个较大的平面或已加工过的平面作为基准面,将基准面靠紧固定钳口,工件伸出钳口约10mm,在活动钳口和工件之间放置一圆棒,这样能保证工件的基准面与固定钳口紧密贴合,但应注意圆棒的最高处应低于工件加工后的平面,以防铣到圆棒,如图4-23所示,夹紧后,用铜锤轻击工件上表面,如果平行垫铁不松动,则说明工件与钳口底部已贴合好。

 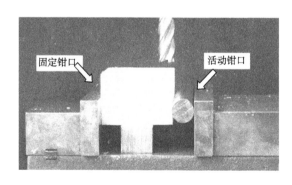

图4-23　平口钳装夹工件

2) 装刀

根据机床主轴的特点,选择R8弹簧夹头装夹刀具,其安装步骤参见表4-4。

3) 主轴转速与进给量的调整

参照本项目任务1普通铣床的基本操作练习,根据表4-7油箱零件工步内容描述的要求,调整主轴转速与进给量。

4)对刀

由于选择的机用平口钳是通用夹具,没有专用的对刀装置,所以加工油箱模型工件时,只能利用油箱模型工件试切法来对刀,其对刀方法如下:

(1)启动主轴,调整工作台,使铣刀处于工件表面最高处上方,一般为工件的边缘处,将铣刀移至工件边缘使刀具的一部分在工件边缘处。如图4-24a)所示。

(2)调整工作台高度至刀具轻碰工件,如图4-24b)所示,然后将刀具移出工件,如图4-24c)所示,将手柄刻度清零,按照加工的下刀量旋转手柄进刀。

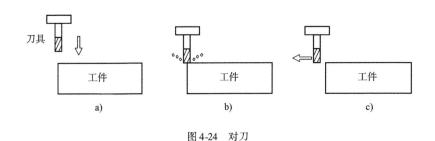

图4-24 对刀

5)铣削工件

油箱模型的加工步骤见表4-9。

油箱模型加工步骤　　　　　　　　　　　表4-9

工步	加工简图	操作步骤	主轴转速(r/min)	切削速度(mm/min)	切削深度(mm)
1.铣平面A		(1)检查毛坯,用平口钳和圆棒夹持工件,将50mm×20mm面作为底面,工件凸出钳口约10mm,找正工件 (2)安装面铣刀,保证伸出长度 (3)对刀时轻碰工件顶面(A面) (4)粗铣顶面(A面) (5)精铣顶面(A面),保证表面粗糙度$Ra6.3\mu m$	555 1100	500 300	0.5 0.1
2.铣平面B		(1)将已加工的A面靠固定钳口面放置,用薄铜片装夹,工件凸出钳口大于5mm (2)对刀时轻碰工件顶面(B面) (3)粗铣顶面(B面) (4)精铣顶面(B面),保证表面粗糙度$Ra3.2\mu m$。保证与A面的垂直度	555 1100	500 300	0.5 0.1

续上表

工步	加工简图	操作步骤	主轴转速 (r/min)	切削速度 (mm/min)	切削深度 (mm)
3.铣平面 C	(图)	(1)将已加工的 B 面作为底面,A 面靠固定钳口面放置 (2)对刀时轻碰工件顶面(C 面) (3)粗铣顶面(C 面) (4)精铣顶面(C 面),保证加工到高度为 20mm,保证表面粗糙度 $Ra6.3\mu m$。并与 B 面垂直	555 1100	500 300	0.5 0.1
4.铣平面 D	(图)	(1)将已加工的 A 面作为底面,B 面靠固定钳口面放置;两面钳口均用薄铜片装夹 (2)对刀时轻碰工件顶面(D 面) (3)粗铣顶面(D 面) (4)精铣顶面(D 面),保证加工到高度为 20mm,保证表面粗糙度 $Ra6.3\mu m$。并与 C 面垂直	555 1100	500 300	0.5 0.1
5.铣平面 E	(图)	(1)将工件竖放,上下面为未加工面,两端钳口与工件接触处使用薄铜片装夹 (2)使用刀口直角尺调整工件的已加工面(A、B、C、D 面)与工作台垂直 (3)对刀时轻碰工件顶面(E 面) (4)粗铣顶面(E 面) (5)精铣顶面(E 面),保证表面粗糙度 $Ra6.3\mu m$。并与 C 面垂直	555 1100	500 300	0.5 0.1

续上表

工步	加工简图	操作步骤	主轴转速（r/min）	切削速度（mm/min）	切削深度（mm）
6.铣平面 F		(1)将已加工的E面作为底面,C面靠固定钳口面放置 (2)对刀时轻碰工件顶面(F面) (3)粗铣顶面(F面) (4)精铣顶面(F面),保证加工到高度为50mm,保证表面粗糙度 $Ra6.3\mu m$。并与C面垂直	555 1100	500 300	0.5 0.1
7.铣四周圆角		(1)安装 $R5mm$ 外圆弧刀 (2)精确对刀 (3)粗铣四周 $R5mm$ 圆角 (4)精铣四周 $R5mm$ 圆角,保证表面粗糙度 $Ra6.3\mu m$ (5)调头装夹粗、精加工周边 $R5$ 圆角,保证表面粗糙度 $Ra6.3\mu m$	555 1100	500 300	0.5 0.1
8.划线		按图样在M6螺纹孔的中心位置划线并打上样冲眼	手动	手动	
9.钻孔		在钻床上用平口钳和薄铜片夹持工件,校正工件 (1)安装钻头,并分别精确对各孔中心点 (2)钻孔:φ5mm 钻头钻M6螺孔的底孔深15mm 保证图样尺寸要求精度、形位公差、表面粗糙度 $Ra6.3\mu m$	800	手动	手动

续上表

工步	加工简图	操作步骤	主轴转速（r/min）	切削速度（mm/min）	切削深度（mm）
10.攻螺纹		使用 M6 丝锥在 ϕ5mm 孔处手动攻螺纹，深 10mm	手动	手动	

小提示

1. 周边加工圆角

从零件图中可知，油箱模型零件的四边都有圆角，圆角的半径为 $R5$，在加工时可以采用 $R5$ 的成型刀铣削。

(1) 对刀：使用偏置式分中棒对刀。

装上偏置式分中棒，将主轴转速调至 402r/min，转动手柄至分中棒轻碰工件，如图 4-25a) 所示。继续转动手柄使分中棒的上下部分同心，如图 4-25b) 所示，将手柄刻度或电子显示器清零，提刀，如图 4-25c) 所示，移动工作台至离心寻边器直径的一半，使寻边器中心位于工件边缘的正上方，如图 4-25d) 所示。将手柄刻度再次清零，此时主轴的中心位于工件的边缘正上方。

(2) $R5$ 成型刀对刀。将刀具换成 $R5$ 成型刀，如图 4-25e) 所示，在横向和纵向手柄均没有移动并在主轴停止转动的情况下轻碰工件顶面，将升降台的手柄刻度清零，移动横向手柄，将刀具移出刀具底部直径的一半，使成型刀圆弧部分与工件边缘部分相切，如图 4-25f) 所示。

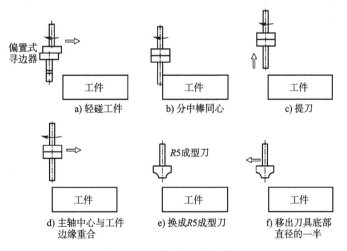

图 4-25 $R5$ 圆角加工对刀示意图

(3) 加工。按作业指导书中铣削圆角的铣削用量，调节主轴转速和进给速度，转动纵向进给手柄使刀具在工件外侧，开动开关，转动升降台进给手柄，逐层加工出 $R5$ 圆角。

(4) 使用相同方法，加工出全部边的倒圆角。

2. 检测垂直度

在以 A 面为基准面加工 B 面时,需要检测两面之间的垂直度,保证垂直度达到要求,常用的检测方法为使用刀口直角尺通过透光法检查,如图 4-26 所示,再使用塞尺进行检测间隙。

a) 刀口直角尺检测垂直度　　b) 垂直度正确　　c) 角度大于90°　　d) 角度小于90°

图 4-26　垂直度检测

任务评价

(1)回顾本任务的学习,你是否能做到:

①对照图 4-15 油箱模型零件图图样,说出零件的材料,长度、宽度、高度尺寸,螺纹大径及深度、表面粗糙度和技术要求。能否初步分析其铣削工艺?

②能否正确选择刀具、量具用于加工油箱模型零件?

③能否按照实训要求和六面体加工工艺要求正确操作普通铣床,完成油箱模型零件的加工及检测?

④根据油箱零件图的技术要求对工件进行综合检测并填写表 4-10。在老师的指导下加工的油箱零件是否合格?

综合检测表(未注公差的尺寸按 GB/T 1804-m 检验)(单位:mm)　　表 4-10

检测项目	检测内容	自检	小组检	质检	结　果
长度50	IT				
宽度20	IT				合格(　)
高度20	IT				
表面粗糙度 Ra6.3μm	合格/不合格				不合格(　)
倒圆角 R5	12 处				
缺陷	有无碰伤、残留				

(2)问答:

①为什么对刀时要轻碰工件的最高面,而不是任意位置?

②为什么已加工平面作为装夹平面时要加上薄铜片装夹?还有什么可以代替薄铜片?

③主轴转速与手动进给不匹配时对刀具和工件会有什么影响?

(3)查一查:

①除本教材介绍的铣刀外,还有什么铣刀?

②加工有哪些阶段?各有什么目的?

③还有哪些检测垂直度的方法和仪器?

项目四　以普通铣削为主的车模零件制作

小提示

当零件的加工质量要求较高时,一般都要经过粗加工、半精加工和精加工三个阶段,如果零件精度要求特别高或表面粗糙度值要求特别小时,还要经过光整加工阶段。粗加工是以快速切除毛坯余量为目的,在粗加工时应选用大的进给量和尽可能大的切削深度。在精加工时最主要考虑的是工件表面质量而不是切屑的多少,精加工时通常采用小的切削深度。

任务3　转向拨杆的加工

⇨ **任务描述**

本任务加工转向拨杆,零件图如图4-27所示,是以普通铣削为主的铣、钳综合加工零件,请根据图样和工艺卡,按照机床加工要求完成零件的加工和检测。

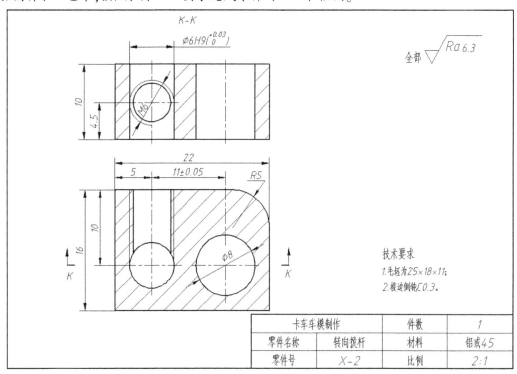

图4-27　转向拨杆零件图

⇨ **任务目标**

1. 在教师的指导下,能正确分析转向拨杆零件图,初步分析其铣削工艺。

2. 在教师的指导下,能使用铰孔的工艺进行孔的精加工。

3. 在教师的指导下,能按照实训要求和转向拨杆要求,正确操作普通铣床并使用铣削和钻削功能,完成转向拨杆零件的加工及检测。

建议完成本教学任务为4学时。

一、使用铣床钻孔功能钻孔

XJ6325A 的普通铣床除了能实现铣削加工外,还能实现钻削加工,铣床钻孔操作步骤见表 4-11,请尝试使用钻削功能进行空运行试切削。

铣床钻削操作步骤　　　　　　　　　　　　表 4-11

操作步骤		示　意　图
1	关闭铣床电源	
2	参照任务 1 表 4-4 装刀步骤将钻头装在钻夹头上,然后再装在铣床主轴上	
3	将主轴的机动手动进给开关调整至手动位置(调整时必须先使主轴停转)	
4	打开主轴伸出锁紧开关,将锁紧开关转至垂直向上的位置	
5	将手动拨杆调整至与主轴调整齿轮接合,旋转控制拨杆,观察刀具上下移动方向	

续上表

操作步骤		示 意 图
6	对刀后观察主轴伸出刻度标尺,计算并控制钻孔深度	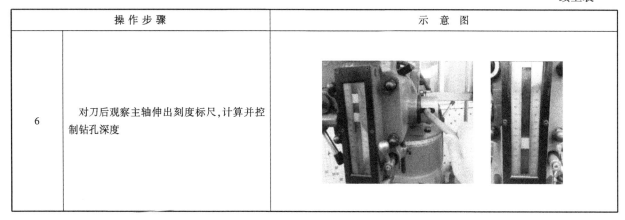

二、铰孔

铰孔是用铰刀对孔进行精加工的操作方法,可加工圆柱孔和圆锥孔。铰孔时,加工余量少,铰刀的切削刃多,导向性好,加工的公差等级可达 IT9～IT7,表面粗糙度 Ra 的值为 $3.2～0.8\mu m$。铰刀有手用铰刀(图 4-28)和机用铰刀(图 4-29)两大类,本教材中所用到的是手用铰刀。

图 4-28　直柄手用铰刀　　　　　　　　图 4-29　机用铰刀

任务实施

1. 分析零件图

读图 4-27 转向拨杆零件图可知,该零件的材料为铝或 45 钢,毛坯尺寸为 25mm×18mm×11mm。

该零件为六面体类零件,有两个上下通孔 $\phi 6mm$ 与 $\phi 8mm$,而前后方向有一个螺孔 M6,与 $\phi 6mm$ 相贯且不通。$\phi 6H9(^{+0.03}_{0})mm$ 孔用于与转向盘轴间隙配合,基本偏差代号为 H,精度等级为 IT9,上极限偏差为 +0.03mm,下极限偏差为 0;$\phi 8mm$ 孔用于安装 $\phi 6mm$ 螺钉(配以轴套,见图 1-11)连接转向横拉杆;$\phi 6mm$ 孔与 $\phi 8mm$ 孔中心距为 11mm±0.05mm;螺孔 M6 用于安装内六角螺栓作为止转销与转向轴固定连接。

表面精度要求为全部 $Ra6.3\mu m$。

该零件加工内容有铣平面、倒圆角、钻孔、铰孔和攻螺纹,所用到的刀具有立铣刀、外圆弧刀、钻头、铰刀、丝锥等,量具有游标卡尺、刀口直角尺、表面粗糙度样板等。

2. 读懂工艺卡

表 4-12 是转向拨杆的加工工艺卡,要求根据工艺卡做好加工前的准备工作,并按要求进行加工。

3. 准备加工

根据工艺卡的要求准备工装夹具,到仓库领取材料、刀具、量具等生产资料(表 4-13)。

4. 操作加工

根据表 4-14 转向拨杆工步内容描述,参考任务 2 装夹工件和刀具,调整铣床,完成转向拨杆加工工艺卡第 1～7 工步的切削内容。

转向拨杆加工工艺卡　　　　　　　　　　　　　　　　　　　　　　　　　表 4-12

（企业名称）			机械加工工艺卡			产品名称	卡车车模	图号	X-2
						零件名称	转向拨杆	共1页	第1页
材料牌号	铝或45钢	毛坯种类	方料	毛坯尺寸	25mm×18mm×11mm	毛坯件数	1	每台件数	1	备注
工序	工种	工步	工序内容		车间	工段	设备	工艺装备			工时	
								夹具	刀具	量具	准终	单件
00	锯		下料 25mm×18mm×11mm						锯条	钢直尺		
1	铣	(1)	铣六面，保证尺寸达到 22mm×16mm×10mm				XJ6325A 铣床	平口钳	立铣刀	游标卡尺		
		(2)	铣 R5 圆角						R5 外圆弧刀	R 规		
2	划线	(1)	划出 φ8mm、φ6mm 孔和 M6 孔的中心线，打样冲眼				划线平台			划线高度尺		
3	钻	(1)	在 M6 孔中心用 φ5mm 钻头预钻孔，深 10mm				铣床或台钻	平口钳或台钻虎钳	φ5mm 钻头	游标卡尺		
	钻	(2)	换面装夹，在 φ6mm 孔中心用 φ5.8mm 钻头钻通孔，φ8mm 孔用 φ8mm 钻头钻通孔						φ5.8mm、φ8mm 钻头	游标卡尺		
4	铰孔	(1)	用 φ6mm 铰刀在 φ5.8mm 预钻孔中手动铰孔						φ6mm 铰刀			
5	攻丝	(1)	用 M6 丝锥在 φ5mm 钻头预钻孔处手动攻螺纹，螺纹深 10mm				钳工台	台虎钳	M6 丝锥	M6 螺钉		
6		(1)	清毛刺，检测									
					设计（日期）		校对（日期）		审核（日期）	标准化（日期）	会签（日期）	
标记	处数	更改文件号	签字	日期								

生 产 资 料 表　　　　　　　　　　　　　　　　　　　　　　　　　　表 4-13

序号	项目	名称、规格、数量等
1	材料	铝或 45 钢 25mm×18mm×11mm
2	刀具	φ10mm 或 φ12mm 立铣刀、R5mm 外圆弧刀、φ5mm、φ5.8mm、φ8mm 钻头、φ6mm 铰刀、M6 丝锥
3	量具	钢直尺、游标卡尺、刀口直角尺、表面粗糙度样板
4	其他	圆棒、铜手锤、薄铜片、毛刷、安全护具等

转向拨杆加工步骤　　　　　　　　　　　　　　　　　　　　　　　　　表 4-14

工步	加工简图	操作步骤	主轴转速（r/min）	切削速度（mm/min）	切削深度（mm）
1.铣六面		检查毛坯是否足够加工余量，用平口钳加圆棒夹持工件，待加工表面要高于平口钳钳口上表面 5~10mm，找正工件 (1) 安装 4 刃直柄立铣刀，并精确对刀 (2) 参照任务 2 铣六面的方法将工件加工到 22mm×16mm×10mm。保证表面粗糙度达到 Ra6.3μm	555 1100	手动 手动	0.5 0.2

续上表

工步	加工简图	操作步骤	主轴转速 (r/min)	切削速度 (mm/min)	切削深度 (mm)
2.铣圆角		安装R5外圆弧刀,精确对刀,参照任务2铣圆角的方法加工R5圆角,保证表面粗糙度达到Ra6.3μm	555 1100	手动 手动	0.5 0.2
3.划线		划M6螺纹孔、φ6mm通孔和φ8mm通孔的中心线并打样冲眼	手动	手动	手动
4.钻螺纹底孔		用平口钳和薄铜片夹持工件,校正工件 (1)安装φ5mm钻头并精确对刀 (2)钻M6螺纹孔的底孔,深10mm,保证图样尺寸要求精度、形位公差、表面粗糙度Ra6.3μm	600	手动	手动
5.预钻配合孔		将工件侧放,用平口钳和薄铜片夹持工件,用垫铁校正底部平面,夹紧工件后将垫铁从侧向卸去,安装对应直径的钻头,精确对刀 (1)用φ5.8mm钻头预钻φ6mm通孔 (2)用φ8mm钻头钻φ8mm通孔	600	手动	手动
6.铰孔		使用φ6mm铰刀对φ5.8mm孔进行铰孔	手动	手动	手动

续上表

工步	加工简图	操作步骤	主轴转速（r/min）	切削速度（mm/min）	切削深度（mm）
7.攻螺纹		使用 M6 丝锥在 φ5mm 孔处手动攻螺纹,深10mm	手动	手动	手动

任务评价

（1）回顾本任务的学习,你是否能做到:

①能否对照图 4-27 转向拨杆零件图图样,说出零件的材料,长度、宽度、高度尺寸,螺纹大径及深度、表面粗糙度和技术要求? 能否初步分析其铣削工艺?

②能否使用铰孔的工艺进行孔精加工?

③能否按照实训要求和转向拨杆要求,正确操作普通铣床并使用铣削和钻削的功能,完成转向拨杆零件的加工及检测?

④根据转向拨杆零件图的技术要求对工件进行综合检测并填写表 4-15。在老师的指导下加工的转向拨杆零件是否合格?

综合检测表（未注公差的尺寸按 GB/T 1804-m 检验）（单位:mm）　　　表 4-15

检测项目	检测内容	自检	小组检	质检	结　果
长度 22	IT				
宽度 16	IT				
高度 10	IT				
$\phi 6^{+0.03}_{\ 0}$	IT				
$\phi 8$	IT				合格(　)
M6 螺纹	IT				不合格(　)
R5 倒圆角	IT				
表面粗糙度 Ra6.3μm	合格/不合格				
位置公差（垂直度）	0.02				
缺陷	有无碰伤、残留				

（2）问答:

①为什么要进行扩孔? 如果直径为 $\phi 6H9(^{+0.03}_{\ 0})$ mm 的孔直接用 φ6mm 钻头加工会有什么影响?

②铰孔中铰刀能否顺时针进入,逆时针退出? 为什么?

③如果在使用铣床手动钻孔功能时,机动手动进给开关调到机动进给会有什么影响?

（3）查一查

查找铰刀的种类和形状。

任务4 万向节的加工

> **任务描述**
>
> 万向节的零件图如图4-30所示,是以普通铣削为主的铣、钳综合加工零件,请根据图样和工艺卡,按照机床加工要求完成零件的加工和检测。
>
>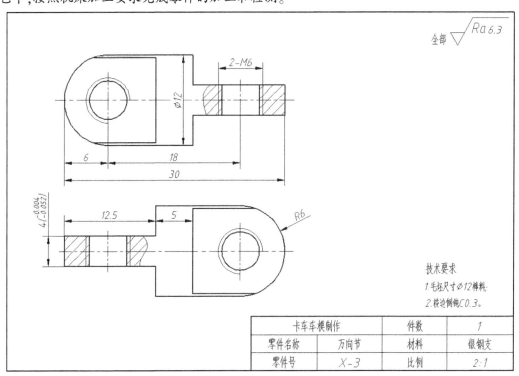
>
> 图4-30 万向节零件图
>
> **任务目标**
>
> 1. 在教师的指导下,能正确分析万向节零件图,初步分析其铣削工艺。
> 2. 在教师的指导下,能正确使用精密平口钳、V形铁装夹圆柱形工件并进行准确划线。
> 3. 在教师的指导下,能按照实训要求和万向节要求,使用精密平口钳等辅助工具,正确操作普通铣床,完成万向节零件的加工及检测。
>
> **建议完成本教学任务为6学时。**

 学习准备

一、精密平口钳

精密平口钳是平口钳的一种,如图4-31所示,钳身六个面两两垂直,可实现准确快速地将工件旋转90°,在零件加工两个互相垂直面中起到不可或缺的作用。

二、圆柱形零件在精密平口钳上的装夹

由于平口钳两个装夹面均为平行的平面,在装夹圆柱体或者圆柱形零件时,工件与平口钳接触处为

一条直线,在加工时容易出现夹持不稳定的现象。因此需要使用 V 形块或精密平口钳活动钳口上的 V 形槽帮助夹持,从而增大夹持力,如图 4-32 所示。

a) 夹持方法

b) 划线

图 4-31　精密平口钳　　　　　图 4-32　精密平口钳夹持圆柱体

任务实施

1. 分析零件图

读图 4-30 万向节零件图可知,该零件的材料为银钢支,毛坯尺寸为 $\phi12mm$ 棒料。

该零件为回转类零件,总长 30mm,在圆柱的基础上两边各有两个互相平行的平面,而左右两边的平面则互相垂直,且各有一个径向螺孔 M6。平面部分长 12.5mm,厚 $4_{-0.052}^{-0.004}$ mm,上极限偏差为 -0.004mm,下极限偏差为 -0.052mm;两螺孔中心距为 18mm,分别用于安装变速器模型与传动轴;两端倒圆角 R6mm。

表面精度要求为全部 $Ra6.3\mu m$。

该零件需要铣平面保证一端两个面平行,与另一端两平行平面垂直,划线钻螺纹底孔和攻螺纹、钳工锉圆角等操作,所用到的刀具有圆柱立铣刀、丝锥、钻头等,量具有刀口直角尺、游标卡尺、高度游标划线尺和深度尺、R 规等。钳工工具有平口钳和锉刀等。

2. 读懂工艺卡

万向节加工工艺卡见表 4-16,请详细阅读并理解加工工艺。

万向节工艺卡　　　　　表 4-16

（企业名称）			机械加工工艺卡			产品名称	卡车车模	图号	X-3	
						零件名称	万向节	共1页	第1页	
材料	银钢支	毛坯种类	棒料	毛坯尺寸	$\phi12mm\times34mm$	毛坯件数	1	每台件数	1	备注
工序	工种	工步	工序内容		车间	工段	设备	工艺装备		工时
								夹具	刀具	量具	准终	单件
0	锯		下料:尺寸 $\phi12mm\times34mm$				锯床		锯条	钢直尺		
1	铣	(1)	用精密平口钳夹持工件,上端伸出 20mm,找正工件;粗铣、精铣端面,保证 $Ra3.2\mu m$				XJ6325A 铣床	机用平口钳、精密平口钳	直柄四刃立铣刀	游标卡尺		
		(2)	分中器找出工件中心安装 $\phi10mm$ 的直柄四刃立铣刀									
		(3)	粗铣工件第一侧,使铣完平面至圆柱 8.2mm,深度 12.3mm 精铣工件至 8mm,深度 12.5mm 粗铣工件第二侧,至与第一侧已加工面 4.2mm,深度 12.3mm 精铣工件第二侧至与第一侧已加工面 4mm,深度 12.5mm,保证表面粗糙度 $Ra3.2\mu m$									
2		(4)	工件调头,用平口钳夹住 4mm 部位,铣端面控制零件长度,再参照工步(2)、(3)加工									

续上表

工序	工种	工步	工序内容	车间	工段	设备	工艺装备			工时	
							夹具	刀具	量具	准终	单件
3	划线	(1)	划 M6 螺孔的中心线				精密平口钳		游标卡尺 高度游标划线尺		
4	钻孔	(1)	φ5mm 钻头钻通孔			钻床	平口钳	φ5mm 钻头	游标卡尺		
5	攻螺纹	(1)	M6 丝锥攻螺纹				平口钳	M6 丝锥			
6	钳	(1)	锉削 R6 圆弧				台虎钳	锉刀	R 规		
7			清毛刺,检测								
				设计(日期)		校对(日期)		审核(日期)	标准化(日期)	会签(日期)	
标记	处数	更改文件号	签字	日期							

3. 加工准备

根据要求准备工装夹具,到仓库领取材料、量具等生产资料(表 4-17),刃磨好刀具。

生产资料表　　　　　　　　　　　　　　　表 4-17

序　号	项　目	名称、规格、数量等
1	材料	银钢支 φ12mm×34mm
2	刀具	φ10mm 立铣刀、φ5mm 麻花钻、M6 丝锥
3	量具	游标卡尺、深度尺、游标高度划线尺 刀口直角尺、R 规
4	其他	R8 弹簧夹头薄铜片、铜手锤、V 形块、安全护具等

4. 操作加工

1) 装夹工件

由于使用精密平口钳装夹圆柱体银钢支,在加工时需要把整个精密平口钳装在铣床平口钳上,在安装前需清洁精密平口钳和平口钳的各个装夹面,减少装夹误差。如图 4-33 所示。

图 4-33　精密平口钳在平口钳上的装夹

参照任务 2 装刀、调整主轴转速和对刀方法操作,按表 4-18 参数进行装刀、调转速和对刀。

2) 加工工件

万向节加工步骤见表 4-18。

万向节加工步骤 表4-18

工步	加工简图	操作步骤	主轴转速（r/min）	切削速度（mm/min）	切削深度（mm）
1.装夹		（1）检查毛坯，用精密平口钳活动钳口的V形槽夹持工件，工件伸出20mm，找正工件 （2）将整个精密平口钳安装在机床工作台上的平口钳上，保证安装牢固，精密平口钳三面紧贴平口钳 （3）安装刀具对刀			
2.粗铣第一面A		（1）粗精铣端面，保证表面粗糙度 （2）精铣工件一面，使加工后的平面距离圆柱另一边8.2mm，深度12.3mm	555	500	0.3
3.精铣第一面A		粗铣至8mm，深度12.5mm，保证表面粗糙度Ra6.3μm	1100	300	0.1
4.粗铣第一面B		粗铣另一面，使加工后的平面与第一面精铣的平面尺寸控制到4.2mm，深度12.3mm	555	500	0.3

续上表

工步	加工简图	操作步骤	主轴转速 (r/min)	切削速度 (mm/min)	切削深度 (mm)
5.精铣第一面B		精铣至中间部分剩余4mm,保证公差,深度12.5mm,保证表面粗糙度 $Ra6.3\mu m$	1100	300	0.1
6.粗精铣第二面		工件调头,使用平口钳和薄铜片夹住已加工的平行平面,粗精铣端面,保证长度30mm 使用上述方法粗铣、精铣至中间部分剩余4mm,保证公差,深度12.5mm,保证表面粗糙度 $Ra6.3\mu m$	555 1100	500 300	0.3 0.1
7.划线		按图样在M6螺纹孔的中心位置划线	手动	手动	
8.打样冲		在M6螺纹孔的中心位置打上样冲眼,作为钻孔的定位点	手动	手动	
9.钻孔		用平口钳和薄铜片夹持工件 (1)安装钻头,并分别精确对各孔中心点钻孔 (2)钻孔:φ5mm钻头钻两处M6螺孔的底孔,通孔 保证图样尺寸要求精度、形位公差、表面粗糙度 $Ra6.3\mu m$	800	手动	手动

续上表

工步	加工简图	操作步骤	主轴转速（r/min）	切削速度（mm/min）	切削深度（mm）
10. 攻螺纹		使用 M6 丝锥在两处 ϕ5mm 孔处手动攻螺纹，攻穿	手动	手动	
11. 锉圆角		(1) 将零件用薄铜片垫着安装在台虎钳上 (2) 锉刀锉出 R6 圆角，使用 R 规检测，保证表面粗糙度达到 Ra6.3μm	手动	手动	

任务评价

（1）回顾本任务的学习，你是否能做到：

①对照图 4-30 万向节零件图图样，说出零件的材料、长度、直径尺寸、加工平行面的尺寸和公差、螺纹大径、螺纹中心距、表面粗糙度和技术要求。能否初步分析其铣削工艺？

②能否正确使用精密平口钳、V 形铁装夹圆柱形工件并进行准确划线？

③能否按照实训要求和万向节要求，使用精密平口钳等辅助工具，正确操作普通铣床，完成万向节零件的加工及检测。

④根据万向节零件图的技术要求对工件进行综合检测并填写表 4-19。在老师的指导下加工的万向节零件是否合格？

综合检测表（未注公差的尺寸按 GB/T 1804-m 检验）（单位：mm）　　　表 4-19

检测项目	检测内容	自检	小组检	质检	结　果
长度 30	IT				
厚度 $4_{-0.052}^{-0.004}$	IT				合格（　） 不合格（　）
深度 12.5	IT				
表面粗糙度 Ra6.3μm	合格/不合格				
M6 螺纹孔	合格/不合格				
倒圆角 R6	2 处				
缺陷	有无碰伤、残留				

(2)问答:
加工万向节零件第二面时,如何保证零件不会松动?
(3)查一查:
查找实际汽车中万向节在传动中的作用。

任务5 发动机模型的加工

任务描述
发动机模型的零件图如图4-34所示,是以普通铣削为主的铣、钳综合加工零件,请根据图样和工艺卡,按照机床加工要求完成零件的加工和检测。

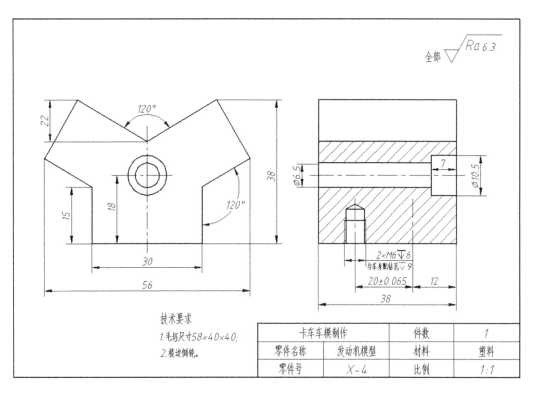

图4-34 发动机模型零件图

任务目标
1. 在教师的指导下,能正确分析发动机模型零件图,初步分析其铣削工艺。
2. 在教师的指导下,能使用简易角度尺和高度划线尺进行准确划线。
3. 在教师的指导下,能按照实训要求和发动机模型要求,能正确使用可倾平口钳等辅助工具,正确操作普通铣床,完成发动机模型零件的加工及检测。

建议完成本教学任务为8学时。

学习准备

一、可倾平口钳

可倾平口钳又叫三向角度平口钳、三向平口钳,如图4-35所示,是用于夹持可转位、多角度的加工工件的并可以三轴转动、大角度倾斜的平口钳。适合于做轻中等的工件加工。角度可被设定为3种尺度,360°旋转底座有度数刻度,平口钳从水平到垂直可调高于90°,同时也可以左右两侧倾斜到45°,可安全锁住3个设定。可倾平口钳的安装调整与机用平口钳类似,在此不作介绍。在调整倾角度时,使倾斜角度的刻度线与平口钳座刻度线对齐即可,如图4-36所示,此时平口钳倾斜了5°。

二、使用简易角度尺划线

在发动机模型的加工前,需要先对毛坯划线,由于涉及角度线,因此,在划线中将使用到角度尺,因角度要求不太高,所以使用简易角度尺即能满足要求,如图4-37所示。

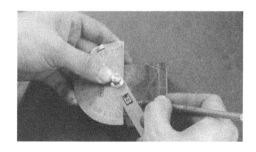

图4-35 可倾平口钳　　　　图4-36 刻度线对齐　　　　图4-37 简易角度尺划角度线

任务实施

1. 分析零件图

读图4-34发动机模型可知,该零件的材料为塑料,毛坯尺寸为58mm×40mm×40mm。

该零件形状大致为Y形,有三个互成120°的结构,厚度为38mm,有一个沉头螺纹避空孔,两处M6螺纹孔,螺纹避空通孔ϕ6.5mm,沉头孔ϕ10.5mm,均与零件底部距离为18mm,深7mm,用于安装M6螺钉;两处M6螺纹孔,与车身配钻。用于安装内六角螺栓与车身固定。均为自由公差。

表面精度要求为全部$Ra6.3\mu m$。

该零件的加工内容有平面、角度、钻孔和铣沉头孔,所用到的刀具有立铣刀、钻头、丝锥,量具有游标卡尺、刀口直角尺、简易角度尺、万能量角器、表面粗糙度样板等。

2. 读懂工艺卡

表4-20是发动机模型的加工工艺卡,要求根据工艺卡做好加工前的准备工作,并按要求进行加工。

3. 加工准备

根据工艺卡的要求准备工装夹具,到仓库领取材料、刀具、量具等生产资料(表4-21)。

项目四 以普通铣削为主的车模零件制作

发动机模型加工步骤　　　　　　　　　　　　　　　　　　　　　　　　　表4-20

（企业名称）			机械加工工艺卡				产品名称	卡车车模		图号	X-4
							零件名称	发动机模型		共1页	第1页
材料	塑料	毛坯种类	方料	毛坯尺寸	58mm×40mm×40mm		毛坯件数	1	每台件数	1	备注
工序	工种	工步	工序内容			车间	工段	设备	工艺装备		工时
									夹具 / 刀具 / 量具		准终 / 单件
0	锯		下料，塑料方料58mm×40mm×40mm					锯床	/ 锯条 / 钢直尺		
1	铣	(1)~(6)	把工件铣削为六面体，尺寸为56mm×38mm×38mm					XJ6325A铣床	平口钳 / 直柄四刃立铣刀 / 游标卡尺 刀口直角尺 钢直尺		
2	划线	(1)	①划两侧和上表面的120°线 ②划φ6mm孔的中心线 ③划底部2个M6螺孔的中心线					划线平台	/ 划针 / 游标卡尺 刀口直角尺 万能量角器		
3	铣	(1)	铣削发动机模型底部30mm×15mm的位置					铣床	平口钳 / 直柄四刃立铣刀 / 游标卡尺 刀口直角尺		
4	铣	(1)	①将可倾角度平口钳安装在铣床工作台并校正 ②将可倾角度平口钳调整在30°的位置并固定 ③使用可倾角度平口钳装夹工件铣削加工上面对称的120°位置；先铣削好一边的60°					XJ6325A铣床	可倾角度平口钳 / 直柄四刃立铣刀 / 游标卡尺 刀口直角尺 万能量角器		
		(2)	工件调头装夹，铣削另一边的60°								
		(3)	铣削两侧的120°								
5	钻	(1)	①钻φ6.5mm通孔 ②钻φ10.5mm沉孔，孔深7					钻床	平口钳 / φ6.5mm钻头、φ10.5mm平底钻头 / 卡尺		
		(2)	用φ5mm钻头，配钻车身与发动机模型底部的2个M6螺孔底孔、孔深9mm							/ φ5mm钻头 /		
6	攻	(1)	用M6丝锥攻2个M6螺孔深6mm					钳工台	台虎钳 / M6丝锥 / 卡尺		
7			清毛刺，检测								
						设计（日期）	校对（日期）	审核（日期）	标准化（日期）		会签（日期）
标记	处数	更改文件号	签字	日期							

生　产　资　料　表　　　　　　　　　　　　　　　　　　　　　　　　　　　　　表4-21

序　号	项　目	名称、规格、数量等
1	材料	塑料58mm×40mm×40mm
2	刀具	φ10mm或者φ12mm直柄四刃立铣刀，φ6.5mm、φ10.5mm平底钻头，φ5mm钻头，M6丝锥
3	量具	钢直尺、游标卡尺、刀口直角尺、万能量角器、表面粗糙度样板
4	其他	圆棒、铜手锤、薄铜片、毛刷、安全护具等

4. 操作加工

根据表 4-22 发动机模型工步内容描述,参考任务 2 装夹工件和刀具,调整铣床,完成发动机模型加工工艺卡第 1~6 工序的切削内容。

发动机模型零件工步内容描述　　　　　　表 4-22

工步	加工简图	操作步骤	主轴转速（r/min）	切削速度（mm/min）	切削深度（mm）
1. 铣六面		（1）检查毛坯是否足够加工余量,用平口钳加圆棒夹持工件,待加工表面要高于平口钳钳口上表面 5~10mm,找正工件 （2）安装 4 刃直柄立铣刀,并精确对刀 （3）参照任务 2 铣六面的方法将工件加工到 56mm×38mm×38mm。保证垂直度和表面粗糙度达到 Ra6.3μm	555 1100	手动 手动	0.5 0.2
2. 划线		（1）划两侧和上表面的 120°线 （2）划 φ6mm 孔的中心线 （3）划底部 2 个 M6 螺孔的中心线	手动	手动	手动
3. 铣底部台阶		（1）用平口钳和薄铜片夹持工件,伸出 20mm （2）精确对刀 （3）粗铣 30mm×15mm 的位置 （4）精铣,保证图样尺寸要求精度、形位公差、表面粗糙度 Ra6.3μm 先铣好一边,再铣另一边	555 1100	手动 手动	0.5 0.2
4. 铣顶部斜度 1		（1）用可倾角度平口钳和薄铜片夹持工件,待加工面要高于钳口上表面,将角度调至 30° （2）精确对刀 （3）粗铣 （4）精铣,保证图样尺寸要求精度、形位公差、表面粗糙度 Ra6.3μm	555 1100	手动 手动	0.5 0.2

续上表

工步	加工简图	操作步骤	主轴转速（r/min）	切削速度（mm/min）	切削深度（mm）
5.铣顶部斜度2		将工件转180°、参考工步4将工件顶部加工成120°，保证图样尺寸要求精度、形位公差、表面粗糙度 Ra6.3μm	555 1100	手动 手动	0.5 0.2
6.铣底部斜度1		(1)用可倾角度平口钳夹持工件，工件底部朝上，待加工面要高于钳口上表面，将角度调至30° (2)精确对刀 (3)粗铣 (4)精铣，保证图样尺寸要求精度、形位公差、表面粗糙度 Ra6.3μm	555 1100	手动 手动	0.5 0.2
7.铣底部斜度2		将工件转180°、参照工步6铣另一面，保证图样尺寸要求精度、形位公差、表面粗糙度 Ra6.3μm	555 1100	手动 手动	0.5 0.2
8.铣侧面1		(1)用可倾角度平口钳夹持工件底部，待加工面要高于钳口上表面，将角度调至30° (2)精确对刀 (3)粗铣工件侧面 (4)精铣，保证图样尺寸要求精度、形位公差、表面粗糙度 Ra6.3μm	555 1100	手动 手动	0.5 0.2

续上表

工步	加工简图	操作步骤	主轴转速（r/min）	切削速度（mm/min）	切削深度（mm）
9.铣侧面2		将工件转180°、参照工步8铣另一侧面，保证图样尺寸要求精度、形位公差、表面粗糙度Ra6.3μm	555 1100	手动 手动	0.5 0.2
10.钻孔		将工件两边平面用平口钳及薄铜片装夹，校正工件并精确对刀 (1)钻φ6.5mm通孔 (2)钻φ10.5mm沉孔，孔深7mm (3)使用φ5mm钻头在M6螺纹孔处钻螺纹底孔，深9mm	600	60	2
11.攻螺纹		(1)在台虎钳上用薄铜片装夹工件 (2)用M6丝锥攻2个M6螺孔深6mm	手动	手动	

任务评价

(1)回顾本任务的学习，你是否能做到：

①能否对照图4-34发动机零件图图样，说出其材料、长度、宽度、高度尺寸、螺纹大径及深度、螺纹中心距及公差、螺栓沉孔直径及深度、螺纹避空孔的直径、表面粗糙度和技术要求并初步分析其铣削工艺？

②能否使用简易角度尺和高度划线尺进行准确划线？

③能否按照实训要求和发动机模型要求，正确使用可倾平口钳等辅助工具，正确操作普通铣床，完成发动机模型零件的加工及检测？

④根据发动机零件图的技术要求对工件进行综合检测并填写表4-23。在老师的指导下加工的发动机模型零件是否合格？

(2)问答：

如果在加工中先做工步8、9，再做工步6、7，对零件有什么影响？

(3)查一查：

发动机内部结构是怎样的？各有什么作用？

综合检测表(未注公差的尺寸按 GB/T 1804-m 检验)(单位:mm) 表 4-23

检测项目	检测内容	自检	小组检	质检	结　果
总长 56	IT				
台阶长 30	IT				
宽度 38	IT				
总高 38	IT				
内孔 $\phi6.5$	IT				合格(　)
沉头孔 $\phi10.5$ 深度 7	IT				不合格(　)
螺纹孔中心尺寸 20 ± 0.065	IT				
孔中心尺寸 18	IT				
三面夹角 120°	IT				
表面粗糙度 $Ra6.3\mu m$	合格/不合格				
缺陷	有无碰伤、残留				

任务 6　座椅的加工

▷ **任务描述**

本任务加工座椅零件,零件图如图 4-38 所示,是以普通铣削为主的铣、钳综合加工零件。请根据图样和工艺卡,按照普通铣削的要求,完成零件的加工和检测。

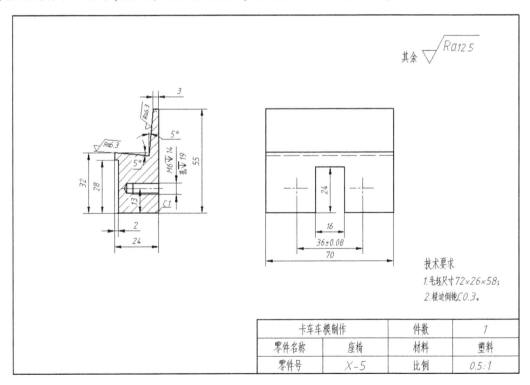

图 4-38　座椅零件图

任务目标

1. 在教师的指导下,能正确分析座椅零件图,初步分析其铣削工艺。
2. 在教师的指导下,能使用简易角度尺和高度划线尺进行准确划线。
3. 在教师的指导下,能按照座椅模型要求,能正确使用可倾平口钳等辅助工具,正确操作普通铣床,完成座椅模型零件的加工及检测。

建议完成本教学任务为 6 学时。

任务实施

1. 分析零件图

读图 4-38 座椅零件图可知,该零件的材料为塑料,毛坯尺寸为 73mm×58mm×28mm。

该零件顶面有两处斜面并互相垂直,侧面两处螺纹孔,底面一处凹型通槽,座椅前端有一个小凸台。两斜面斜度5°并互相垂直;侧面螺纹孔 M6,用于与车身连接,螺纹深 14mm。螺纹底孔深 19mm,中心距 36mm,公差 ±0.08mm;底面凹形通槽宽 16mm 高 24mm,自由公差;凸台凸出 2mm。

座椅椅面和靠背表面粗糙度要求 $Ra6.3\mu m$,其余表面粗糙度要求 $Ra12.5\mu m$;

该零件需要多面加工,并使用可倾平口钳摆角度加工,加工内容有平面、角度、钻孔和攻螺纹孔,所用到的刀具有立铣刀,钻头,丝锥;量具有游标卡尺、刀口直角尺、简易角度尺、万能量角器、表面粗糙度样板等。

2. 读懂工艺卡

座椅零件的加工工艺卡见表 4-24 所示,要求根据工艺卡做好加工前的准备工作,并按要求进行加工。

座椅加工工艺卡　　　　　　　表 4-24

(企业名称)			机械加工工艺卡			产品名称	卡车车模	图号	X-5
						零件名称	座椅	共1页	第1页
材料	塑料	毛坯种类	方料	毛坯尺寸	73mm×58mm×28mm	毛坯件数	1	每台件数	1	备注

工序	工种	工步	工序内容	车间	工段	设备	工艺装备			工时	
							夹具	刀具	量具	准终	单件
0	锯		下料			锯床		锯条	钢直尺		
1	铣	(1)~(6)	把工件铣削为六面体,尺寸为 24mm×55mm×70mm			XJ6325A 铣床	平口钳	直柄四刃立铣刀	游标卡尺 刀口直角尺 钢直尺		
		(7)	铣 16mm 宽通槽,深 24mm								
		(8)	铣长度 22mm,高度 28mm								
2	划线	(1)	①划5°线 ②划两 M6 螺孔的中心线			划线平台		划针	游标卡尺 刀口直角尺 万能量角器		

续上表

工序	工种	工步	工序内容	车间	工段	设备	工艺装备			工时	
							夹具	刀具	量具	准终	单件
3	铣	(1)	用可倾角度平口钳装夹工件,铣削5°座位斜面和靠背面			XJ6325A 铣床	可倾平口钳	直柄四刃立铣刀	游标卡尺 刀口直角尺		
4	钻	(1)	用φ5mm钻头利用台钻钻M6螺孔底孔				平口钳	φ5mm钻头	卡尺		
5	攻	(1)	M6丝锥攻M6螺孔				钳工台	台虎钳	M6丝锥	卡尺	
6			清毛刺,检测								
				设计(日期)		校对(日期)		审核(日期)	标准化(日期)	会签(日期)	
标记	处数	更改文件号	签字	日期							

3. 加工准备

根据工艺卡的要求准备工装夹具,到仓库领取材料、刀具、量具等生产资料(表4-25)。

生产资料表　　　　表4-25

序号	项目	名称、规格、数量等
1	材料	塑料 73mm×58mm×28mm
2	刀具	φ10mm或φ12mm直柄四刃立铣刀、φ5mm钻头、M6丝锥
3	量具	钢直尺、游标卡尺、刀口直角尺,万能量角器、表面粗糙度样板
4	其他	圆棒、铜手锤、薄铜片、毛刷、安全护具等

4. 操作加工

根据表4-26座椅模型工步内容描述,装夹工件和刀具,调整铣床,完成座椅模型加工工艺卡的切削内容。

座椅加工步骤　　　　表4-26

工步	加工简图	操作步骤	主轴转速 (r/min)	切削速度 (mm/min)	切削深度 (mm)
1.铣六面		(1)检查毛坯是否足够加工余量,用平口钳加圆棒夹持工件,待加工表面要高于平口钳钳口上表面5~10mm,找正工件 (2)安装4刃直柄立铣刀,并精确对刀 (3)参照任务2铣六面的方法,按座椅的尺寸加工六面,保证表面粗糙度 Ra12.5μm	555 1100	手动 手动	0.5 0.2

续上表

工步	加工简图	操作步骤	主轴转速（r/min）	切削速度（mm/min）	切削深度（mm）
2.铣通槽		(1) 粗铣16mm宽通槽,深24mm (2) 精铣,保证图样尺寸要求精度、形位公差、表面粗糙度 Ra12.5μm	555 1100	手动 手动	0.5 0.2
3.铣台阶		(1) 粗铣28mm宽通槽,深2mm (2) 精铣,保证图样尺寸要求精度、形位公差、表面粗糙度 Ra12.5μm	555 1100	手动 手动	0.5 0.2
4.划线		(1) 划5°线 (2) 划两处M6螺孔的中心线	手动 手动	手动 手动	手动 手动
5.加工斜度面		(1) 用可倾角度平口钳和薄铜片夹持工件,待加工面要高于钳口上表面,将角度调至5° (2) 精确对刀 (3) 粗铣 (4) 精铣,保证图样尺寸要求精度、形位公差、表面粗糙度 Ra6.3μm	555 1100	手动 手动	0.5 0.2

续上表

工步	加工简图	操作步骤	主轴转速（r/min）	切削速度（mm/min）	切削深度（mm）
6.钻孔		使用 φ5mm 钻头在 M6 螺纹孔处钻螺纹底孔，深19mm	600	60	2
7.攻螺纹		用 M6 丝锥攻 2 个 M6 螺孔，深14mm	手动	手动	手动

任务评价

(1) 回顾本任务的学习，你是否能做到：

① 能否对照图 4-38 座椅零件图图样，说出其材料、长度、宽度、高度尺寸、螺纹大径及深度、螺纹中心距及公差、座椅椅面和靠背的角度、表面粗糙度和技术要求并初步分析其铣削工艺？

② 能否使用简易角度尺和高度划线尺进行准确划线？

③ 能否按照座椅模型零件图要求，能正确使用可倾平口钳等辅助工具，正确操作普通铣床，完成座椅模型零件的加工及检测？

④ 根据座椅零件图的技术要求对工件进行综合检测并填写表 4-27。在老师的指导下，加工的座椅零件是否合格？

综合检测表（未注公差的尺寸按 GB/T 1804-m 检验）（单位：mm）　　表 4-27

检测项目	检测内容	自检	小组检	质检	结　果
台阶深度 2	IT				合格（　） 不合格（　）
台阶宽度 28	IT				
槽宽度 16	IT				
槽深度 24	IT				
螺纹孔中心距 36	IT				
椅面与水平夹角 5°	IT				
椅靠背与垂直面夹角 5°	IT				
表面粗糙度 $Ra6.3\mu m$	合格/不合格				
表面粗糙度 $Ra12.5\mu m$	合格/不合格				
缺陷	有无碰伤、残留				

(2)问答：

在座椅零件加工中,能否先加工斜度面,再加工其他面？为什么？

(3)查一查：

除了使用可倾角度平口钳外,还有什么方法可以实现铣角度斜面？

任务7　后轴承座副的加工

▷ **任务描述**

本任务加工后轴承座副,由后轴承座上盖和后轴承座组成,零件图如图4-39和图4-40所示,是以普通铣削为主的铣、钳综合加工零件。请根据图样和工艺卡,按照机床加工要求,完成零件的加工和检测。

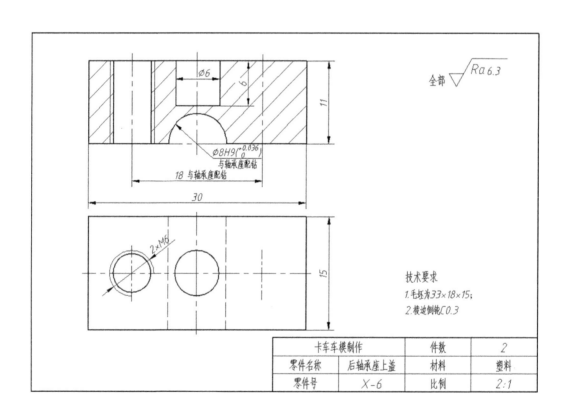

图4-39　后轴承座上盖

项目四　以普通铣削为主的车模零件制作

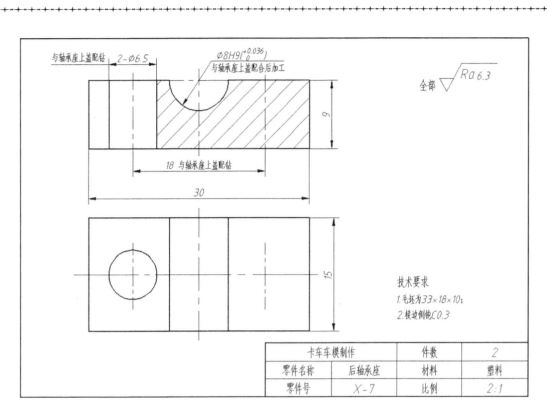

图 4-40　后轴承座

⇨ **任务目标**

1. 在教师的指导下，能正确分析后轴承座副零件图，初步分析其铣削工艺。

2. 在教师的指导下，能按照图样要求，正确使用配作加工工艺，正确操作普通铣床，完成后轴承座上盖、后轴承座零件的加工及检测。

建议完成本教学任务为 6 学时。

任务实施

1. 分析零件图

读图 4-39 后轴承座上盖和图 4-40 后轴承座可知，两零件材料均为 塑料，后轴承座上盖毛坯为 33mm × 18mm × 15mm，后轴承座毛坯为 33mm × 18mm × 10mm。

两零件长度均为 30mm，宽度为 15mm，后轴承座上盖有两个螺纹孔，后轴承座对应有两个螺纹避空孔，两零件各有一个 φ8mm 的半圆，后轴承座上盖有一处盲孔。两零件长宽高尺寸均为自由公差；螺纹孔为 M6，避空孔为 φ6.5mm，中心距为 18mm；两零件的半圆配合后形成一个 φ8mm 的整圆，用于与车轮轴间隙配合，基本偏差代号为 H，精度等级为 IT9，上极限偏差为 +0.036mm，下极限偏差为 0，需要把两个零件组装后才加工，如图 4-41 所示；盲孔直径为 φ6mm，深 6mm。

两零件表面粗糙度要求均为全部 $Ra6.3\mu m$。

两个零件的加工内容有平面、钻孔和攻螺纹孔，所用到的刀具有立铣刀、钻头、扩孔钻、丝锥，量具有

141

游标卡尺、刀口直角尺、表面粗糙度样板等。

a) 配合前　　　　　　b) 配合　　　　　　c) 配合加工孔

图 4-41　后轴承座上盖和后轴承座配合加工孔

2. 读懂工艺卡

后轴承座上盖零件和后轴承座零件的加工工艺卡见表 4-28，要求根据工艺卡做好加工前的准备工作，并按要求进行加工。

后轴承座副加工工艺卡　　　　　　　　　　　　　　　表 4-28

(企业名称)			机械加工工艺卡			产品名称	卡车车模	图号	X-6　X-7
						零件名称	后轴承座副	共1页	第1页
材料	塑料	毛坯种类	方料	毛坯尺寸	33mm×18mm×15mm 33mm×18mm×10mm	毛坯件数	各2件	每台件数	2	备注
工序	工种	工步	工序内容			车间	工段	设备	工艺装备			工时	
									夹具	刀具	量具	准终	单件
0	锯		下料，用于加工后轴承上盖					锯床		锯条	钢直尺		
1	铣	(1)	铣六面，保证尺寸达到 30mm×11mm×15mm					XJ6325A铣床	平口钳	φ10mm 或 φ12mm 立铣刀	卡尺		
2	划线	(1)	划出两 M6 螺孔和中间 φ6mm 孔的中心线，打样冲眼					划线平台		划线高度尺			
3	钻	(1)	两边用 φ5mm 钻头钻两 M6 螺纹底孔，钻通，中间 φ6mm 平底孔，深 6mm					台钻	台钻平口钳	φ5mm 钻头、φ6mm 平底钻头	卡尺		
4	攻	(1)	用 M6 丝锥攻两螺孔					钳工台	台虎钳	M6 丝锥			
5			参考工序 0~4 的方法加工后轴承座										
6	钻	(1)	后轴承座上盖与后轴承座组合加工钻 φ7.8mm 孔					台钻	台钻平口钳	φ7.8mm 钻头	卡尺		
7	铰	(1)	后轴承座上盖与后轴承座组合加工铰孔至 φ8mm					台钻	台钻平口钳	φ8mm 铰刀	卡尺		
			清毛刺，检测										
						设计(日期)		校对(日期)		审核(日期)	标准化(日期)	会签(日期)	
标记	处数	更改文件号	签字	日期									

3. 加工准备

根据后轴承座副的工艺卡的要求准备工装夹具，到仓库领取材料、刀具、量具等生产资料（表 4-29）。

项目四 以普通铣削为主的车模零件制作

生产资料表 表4-29

序 号	项 目	名称、规格、数量等
1	材料	塑料 33mm×18mm×15mm 两件,33mm×18mm×10mm 两件
2	刀具	ϕ10mm 或 ϕ12mm 立铣刀、ϕ5mm 钻头、ϕ6mm 平底钻头、ϕ6.5mm 钻头、ϕ7.8mm 钻头、ϕ8mm 铰刀、M6 丝锥
3	量具	钢直尺、游标卡尺、划线高度尺、表面粗糙度样板
4	其他	M6 内六角螺栓两件,圆棒、铜手锤、薄铜片、毛刷、安全护具等

4. 操作加工

根据表 4-30 内容描述,装夹工件和刀具,调整铣床,完成后轴承座副加工工艺卡第 1~7 工序的切削内容。

后轴承座副加工步骤 表4-30

工步	加工简图	操作步骤	主轴转速 (r/min)	切削速度 (mm/min)	切削深度 (mm)
1.铣六面		(1)检查毛坯,用平口钳夹持工件,伸出 5mm,找正工件 (2)安装面铣刀,保证伸出长度 (3)参照任务 2 铣六面的方法按图样尺寸加工六面,保证表面粗糙度 Ra6.3μm	555 1100	500 300	0.5 0.1
2.划线		按图样尺寸划出两 M6 螺孔和中间 ϕ6mm 孔的中心线,并打上样冲眼	手动	手动	手动
3.钻孔		(1)使用 ϕ5mm 钻头在两边 M6 螺纹孔处钻螺纹底孔,通孔 (2)用 ϕ6mm 平底钻头钻中间 ϕ6mm 平底孔,深 6mm	300	30	手动
4.攻螺纹		使用 M6 丝锥攻两边螺纹孔,通孔	手动	手动	手动

续上表

工步	加工简图	操 作 步 骤	主轴转速（r/min）	切削速度（mm/min）	切削深度（mm）
5.加工后轴承座		参考上述工步完成后轴承座零件			
6.配钻		将后轴承座上盖和后轴承座用 M6 螺栓组合，调整使两零件平面对齐，划线并安装在平口钳上，用薄铜片装夹 （1）使用中心钻钻定位孔 （2）使用 φ7.8mm 钻头钻穿	300	30	手动
7.铰孔		使用 φ8mm 铰刀手动铰孔	手动	手动	手动

任务评价

（1）回顾本任务的学习，你是否能做到：

①能否对照图 4-39、图 4-40 后轴承副零件图图样，说出其材料、长度、宽度、高度尺寸、螺纹大径、螺纹中心距、配合加工孔的直径和公差、表面粗糙度和技术要求并初步分析其铣削工艺？

②能否按照图样要求，正确使用配作加工工艺，正确操作普通铣床，完成后轴承座上盖、后轴承座零件的加工及检测？

③根据后轴承座副零件图的技术要求对工件进行综合检测并填写表 4-31。在老师的指导下，加工的后轴承座副是否合格？

综合检测表(未注公差的尺寸按 GB/T 1804-m 检验)(单位:mm)　　　　表 4-31

检测项目	检测内容	自检	小组检	质检	结　果
长度 30	IT				
宽度 10	IT				
高度 11	IT				
高度 9	IT				合格(　)
孔中心距 18	IT				不合格(　)
孔 $\phi 6$ 深度 6	IT				
$\phi 8^{+0.036}_{0}$	IT				
表面粗糙度 $Ra6.3\mu m$	合格/不合格				
缺陷	有无碰伤、残留				

(2)问答：

配合加工需要注意什么？

(3)查一查：

除了螺纹配合外，还有哪些配合方式？

任务 8　转向盘零件的加工

任务描述

本任务加工转向盘零件，零件图如图 4-42 所示，是以普通车削和铣削、钳工综合加工零件。请根据图样和工艺卡，按照普通机床加工的要求，完成零件的加工和检测。

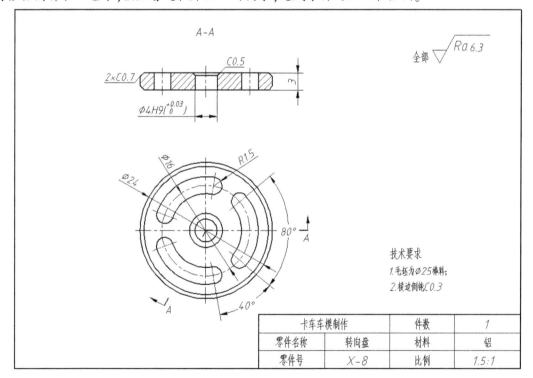

图 4-42　转向盘零件图

> ➪ **任务目标**
> 1. 在教师的指导下,能正确分析转向盘模型零件图,初步分析其铣削工艺。
> 2. 在教师的指导下,能正确选择刀具、量具用于转向盘零件加工。
> 3. 在教师的指导下,能使用车床、铣床及回转工作台配件,正确操作普通车床和铣床,完成转向盘零件的加工及检测。
> **建议完成本教学任务为 6 学时。**

 学习准备

回转工作台是一种带有可转动的、用以装夹工件并实现回转和分度定位的台面,是机床的附件,简称转台或第四轴,如图4-43a)所示。按功能的不同,转台可分为通用转台和精密转台两类,它常和三爪自定心卡盘一起使用,如图4-43b)所示。

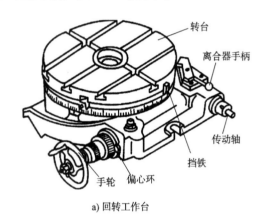

a) 回转工作台　　　　　　　　　　　　b) 回转工作台与三爪自定心卡盘配合使用

图4-43　回转工作台

回转工作台是镗床、钻床、铣床和插床等重要附件,用于加工有分度要求的孔、槽和斜面,加工时转动工作台,则可加工圆弧面和圆弧槽等。通用转台按结构不同又分为水平转台、立卧转台和万能转台。

 任务实施

1. 分析零件图

读图4-42转向盘零件图可知,该零件的材料为铝,毛坯尺寸为$\phi25$mm长棒料。

该零件为旋转体类零件,中间有一个通孔$\phi4$mm,内部有三处弧形槽。外圆直径为$\phi24$mm,厚度3mm,均为自由公差;$\phi4H9(^{+0.03}_{0})$mm通孔与转向盘轴过渡配合,配合代号为 H,精度等级为IT9,上极限偏差为+0.03mm,下极限偏差为0;弧形槽半径为$R1.5$mm,成三等分排列。

表面粗糙度要求为全部$Ra6.3\mu$m。

该零件需要车铣钳复合加工,需要组合起来加工弧形槽,车部分加工内容有车平面、倒角、钻孔、扩孔、切断工件,铣部分有铣弧形槽,所用的刀具有外圆车刀、钻头、铰刀、切断刀、立铣刀,夹具有车床三爪自定心卡盘、回转工作台等,量具有游标卡尺、刀口直角尺、表面粗糙度样板等。

146

2. 读懂工艺卡

转向盘零件车铣综合加工工艺卡见表4-32,请详细阅读并理解加工工艺。

转向盘综合加工工艺卡　　　　　　　　　　　　　　　　　　　　　　　　　表4-32

（企业名称）			机械加工工艺卡				产品名称	卡车车模	图号	X-8
							零件名称	转向盘	共1页	第1页
材料	铝	毛坯种类	棒料	毛坯尺寸	φ25mm 长料	毛坯件数	1	每台件数	1	备注
工序	工种	工步	工序内容	车间	工段	设备	工艺装备		量具	工时
							夹具	刀具		准终　单件
1	车	(1)	用软爪夹持工件,右端伸出15mm,找正工件;粗车、精车端面,保证Ra6.3μm			C6132车床	三爪自定心卡盘	90°外圆车刀	钢直尺 游标卡尺	
		(2)	粗、精加工件外圆至φ24mm±0.05mm,长度大于3mm,保证Ra6.3μm						游标卡尺	
		(3)	钻φ3.8mm孔,深度6mm,倒角C0.5					钻头	钢直尺	
		(4)	铰φ4mm孔					铰刀		
		(5)	用切断刀在长度3mm处切槽至φ16mm					切断刀		
		(6)	倒角两处C0.7,保证Ra6.3μm					切断刀	游标卡尺	
		(7)	切断工件					切断刀		
		(8)	清毛刺,检测							
2	铣	(1)	①与转向盘轴组装为一组合体 ②在铣床工作台上安装回转工作台 ③校正转盘中心与铣床主轴中心同心 ④在转盘上安装三爪自定心卡盘与铣床主轴中心和转盘同心 ⑤用三爪自定心卡盘夹紧转向盘与轴组装合体的轴部位			XJ6325A铣床	平口钳		卡尺	
		(2)	按图样尺寸要求,用φ3mm四刃直柄立铣刀铣削三等分圆弧通槽					φ3mm立铣刀		
3			清毛刺,检测							
				设计（日期）		校对（日期）	审核（日期）		标准化（日期）	会签（日期）
标记	处数	更改文件号	签字	日期						

3. 加工准备

根据要求准备工装夹具,到仓库领取材料、量具等生产资料(表4-33),并刃磨刀具。

生产资料表　　　　　　　　　　　　　　　　　　　　　　　　　　　　　　表4-33

序号	项目	名称、规格、数量等
1	材料	铝棒φ25mm 长料
2	刀具	90°外圆车刀、中心钻、切断刀 φ3.8mm、φ6mm 钻头、φ4mm 铰刀、φ3mm 立铣刀
3	量具	钢直尺、游标卡尺、表面粗糙度样板
4	其他	软爪或薄铜片(1mm)、铜棒、手锤、安全护具等

4. 操作加工

根据表4-34内容描述,装夹工件和刀具,分别调整车床和铣床,完成转向盘加工工艺卡工序的切削内容。

转向盘加工步骤　　　　　表4-34

工步	加工简图	操作步骤	主轴转速 (r/min)	进给量 (mm/r)	切削深度 (mm)
1. 车端面		检查毛坯,用卡爪夹持工件,右端伸出15mm,找正工件;安装90°外圆车刀,保证安装高度、伸出长度和角度,并精确对刀 (1) 粗车右端面 (2) 精车右端面,保证表面粗糙度$Ra6.3\mu m$	360 560	0.2 0.1	0.5 0.3
2. 车外圆		(1) 粗车外圆至φ24.5mm,长度大于3mm (2) 精车外圆至φ24mm 保证公差符合图样要求,保证表面粗糙度	360 560	0.2 0.1	5 0.3
3. 钻孔		在尾座上装上φ3.8mm钻头,保证长度达到钻孔要求 (1) 钻φ3.8mm孔,深度6mm (2) 用φ6mm钻头在孔口处倒角C0.5	560	0.1	0.3
4. 铰孔		在尾座上装上φ4mm铰刀,铰孔,保证尺寸要求	360	手动	手动
5. 切槽		将刀架转到另一装刀位置,安装切断刀,保证安装高度、伸出长度和角度,并精确对刀 将φ24mm外圆粗切至φ16mm,保证右端长度3mm,切槽宽度大于切断刀厚度	210	手动	手动

续上表

工步	加工简图	操作步骤	主轴转速（r/min）	进给量（mm/r）	切削深度（mm）
6.倒角	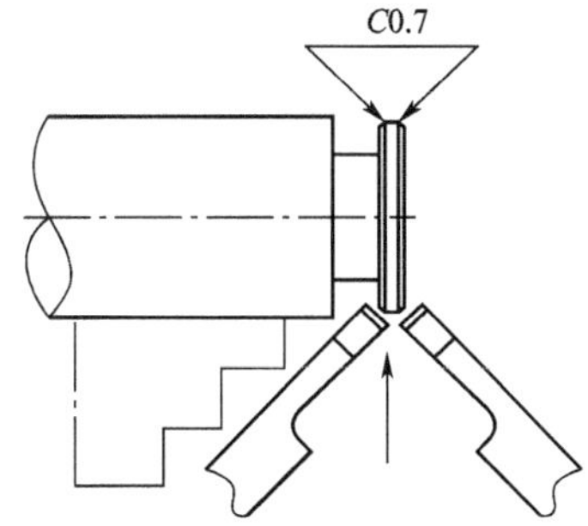	将刀架转45°，使切断刀如左图摆放，倒两处倒角C0.7，保证表面粗糙度Ra6.3μm	210	手动	
7.切断	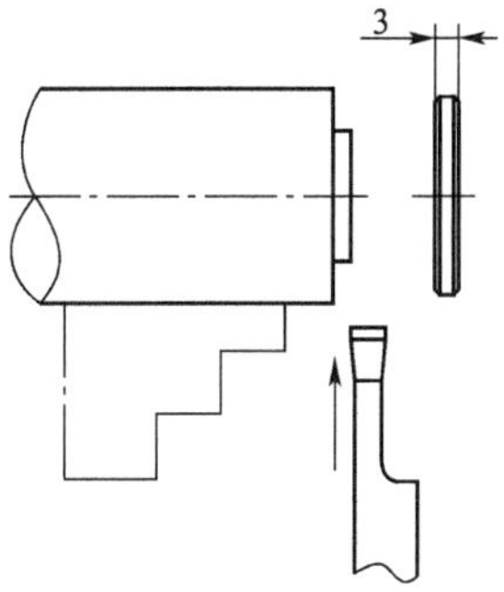	将刀架转到正常位置，切断工件，保证长度3mm。保证表面粗糙度Ra6.3μm	360	0.2	0.5
8.铆接	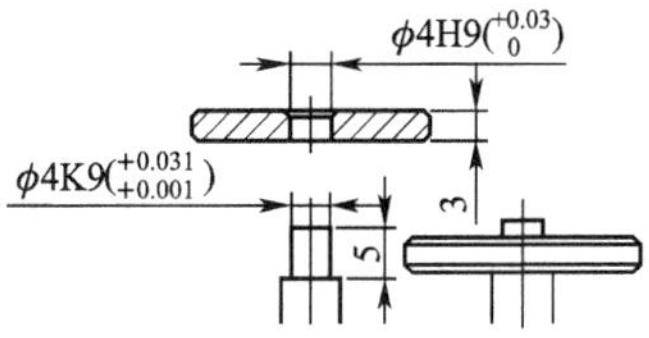	将转向盘轴用薄铜片垫好安装在台虎钳上，小端朝上，把转向盘轻轻敲进转向盘轴小端，打扁转向盘轴小端，使之与转向盘轴铆接在一起			
9.铣槽	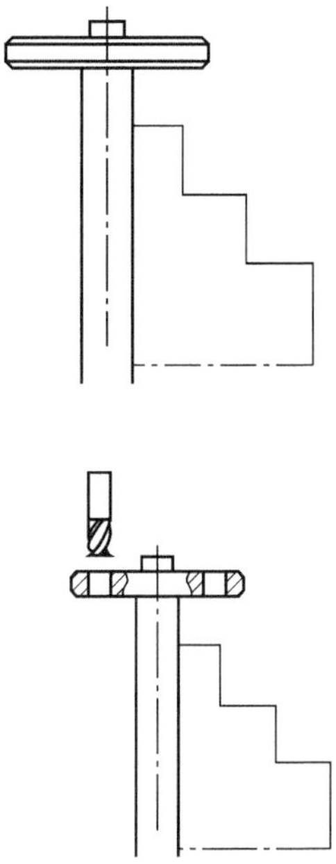	在铣床工作台上安装回转工作台，校正其中心与铣床主轴中心同心，在转盘上安装三爪自定心卡盘，并使之与铣床主轴中心同心，用三爪自定心卡盘的软爪或使用薄铜片夹紧转向盘、轴组装合体的轴部位 安装 ϕ3mm 四刃立铣刀，精确对刀 按图样尺寸要求，用 ϕ3mm 四刃直柄立铣刀铣削三等分圆弧通槽	1100	300mm/min	0.1

小提示 转向盘轴与转向盘的组装

(1) 转向盘轴与转向盘的配合关系。

转向盘轴配合位置的尺寸为 $\phi 4K9(^{+0.031}_{+0.001})$,转向盘配合孔尺寸为 $\phi 4H9(^{+0.04}_{+0.02})$,两者的配合间隙为过渡配合,在配合时需要使用压力法压入,如图 4-44 所示。

(2) 转向盘组合加工。

组合后的转向盘,利用回转工作台和三爪卡盘组合夹具加工,如图 4-45 所示,加工时注意切削量,防止转向盘松动造成的加工误差。

图 4-44 转向盘和轴配合　　　　　　　　　图 4-45 转向盘加工

任务评价

(1) 回顾本任务的学习,你是否能做到:

①能否对照图 4-42 转向盘模型零件图图样,说出零件的直径、厚度、中间配合孔的直径、公差、通槽的宽度、角度并初步分析其铣削工艺?

②能否正确选择刀具、量具用于转向盘零件加工?

③能否使用车床、铣床及回转工作台配件,正确操作普通车床和铣床,完成转向盘零件的加工及检测?

④根据转向盘零件图的技术要求对工件进行综合检测并填写表 4-35。在老师的指导下加工的转向盘零件是否合格?

综合检测表(未注公差的尺寸按 GB/T 1804-m 检验)(单位:mm)　　　表 4-35

检测项目	检测内容	自检	小组检	质检	结　果
内孔 $\phi 4^{+0.03}_{0}$	IT				
外径 $\phi 24$	IT(偏差 ±0.10)				
厚度 3	IT(偏差 ±0.05)				
倒角 C0.7	两处外圆周边				合格(　)
环形槽 R1.5	IT				不合格(　)
表面粗糙度 Ra6.3μm	合格/不合格				
倒角 C0.5 和 C0.3	两处 C0.5、6 处 C0.3				
缺陷	有无碰伤、残留				

(2)问答:
①如果转向盘轴和转向盘过盈配合时不能紧密结合而造成松动,会对加工产生什么影响?
②回转工作台和三爪自定心卡盘如果安装时不同心,会有什么后果?为什么?
(3)查一查:
回转工作台除了能加工平面分度零件外,还有什么功能?

项目五 车模零件的自主加工

  项目描述

　　本项目由学生在没有现成提示的情况下自主完成车模零件的加工,任务包括电池模型、车架铰体、前轮轴共三个零件,如图5-1所示。根据钣金制作、普通车削与普通铣削的加工经验,独立分析零件图、选择加工方法与工艺装备、制订加工工艺卡、正确操作加工设备完成零件的加工与检测。

 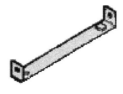 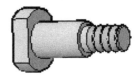

a) 电池模型　　　　　　　b) 车架铰体　　　　　　　c) 前轮轴

图5-1 项目五加工内容

  项目目标

1. 能分析车模零件图。
2. 能根据车模零件图选择加工方法与工艺装备,制订加工工艺卡。
3. 能正确操作加工设备,加工车模零件并检测。

建议完成本教学项目为18学时。

项目五　车模零件的自主加工

任务1　电池模型的加工

▷ **任务描述**

本任务加工电池模型,组件图如图5-2所示,请根据图样要求完成零件的加工和检测。

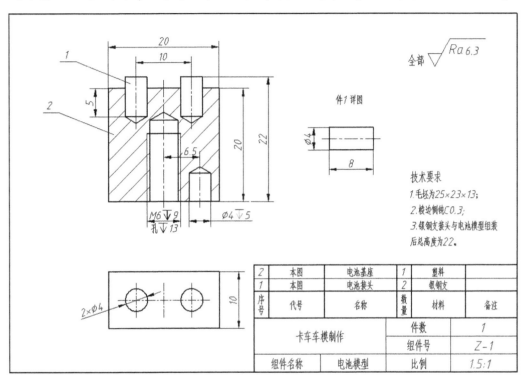

图5-2　电池模型组件图

▷ **任务目标**

1. 能对照电池模型零件图进行独立分析,包括指出零件的材料、毛坯、件数,叙述零件的类型、形状尺寸、技术要求与加工内容。

2. 能根据电池模型的加工内容正确选择加工方法以及机床、夹具、刀具与量具等工艺装备,确定工序和工步,并制订加工工艺卡。

3. 能根据电池模型的加工内容制订加工步骤,包括装夹工件和刀具、调试机床、选择机床的切削用量、测量工件、保证加工的尺寸精度与表面粗糙度等内容。

4. 能根据电池模型的加工步骤,正确操作加工设备,加工零件并检测。

建议完成本教学任务为4学时。

 任务实施

1. 分析零件图

读图5-2电池模型组件图可知,该零件使用的材料为_____,毛坯为_____,件数为

_____;其_____件_____,_____件_____。

该零件为_____(零件类型),长宽高尺寸分别是_____、_____、_____,螺纹为_____,深_____,螺纹底孔深_____,两个装配孔中心距为_____,深_____。

该零件表面粗糙度要求为_____。

该零件需用到的加工方法有_____,加工内容有_____。

2. 制定工艺卡

根据电池模型零件图的分析结果,自主制订加工工艺卡并填写表5-1(可根据内容增加表格),加工方法可参考项目四任务2油箱模型的加工。

电池模型加工工艺卡　　　　　　　　　　　　表5-1

(企业名称)		机械加工工艺卡				产品名称		卡车车模		图号	
						零件名称				共1页	第1页
材料	塑料	毛坯种类	方料	毛坯尺寸	25mm×23mm×13mm	毛坯件数	1	每台件数	1	备注	
工序	工种	工步	工序内容			车间	工段	设备	工艺装备		工时
									夹具	刀具	量具	准终	单件
					设计(日期)		校对(日期)		审核(日期)		标准化(日期)	会签(日期)
标记	处数	更改文件号	签字	日期							

3. 加工准备

根据工艺卡的要求填写表5-2,自主准备相关材料。

生 产 资 料 表　　　　　　　　　　　　表5-2

序 号	项 目	名称、规格、数量等
1	材料	
2	刀具	
3	量具	
4	其他	

4. 操作加工

根据以上准备内容,制订电池模型的加工步骤,填写表5-3(可根据内容增加表格),并正确操作加工设备,自主加工电池模型。

项目五　车模零件的自主加工

电池模型加工步骤　　　　　　　　　　　　　　　　　　　　　　　　　　　表 5-3

工步	加工简图	操作步骤	主轴转速（r/min）	切削速度（mm/min）	切削深度（mm）
1.					
2.					
3.					
4.					
5.					
6.					
7.					

任务评价

（1）回顾本任务的学习，你是否能做到：

①能否对照图 5-2 电池模型零件图图样，指出零件的材料、毛坯、件数，叙述零件的类型、形状尺寸、装配尺寸要求、技术要求与加工内容。

②能否独立并且正确地选择加工方法以及机床、夹具、刀具与量具等工艺装备用于加工电池模型？能否正确设计电池模型的工序顺序与工步顺序，能否正确制订电池模型的加工工艺卡？

③能否正确制订电池模型加工步骤，包括装夹工件和刀具、调试机床、选择机床的切削用量、测量工件、保证加工的尺寸精度与表面粗糙度等内容？

④能否正确操作加工设备，独立加工电池模型？

⑤根据电池模型零件图的技术要求对工件进行综合检测并填写表 5-4。加工的电池模型零件是否合格？

综合检测表（未注公差的尺寸按 GB/T 1804-m 检验）（单位：mm）　　　　　　表 5-4

检测项目	检测内容	自检	小组检	质检	结　果
基座长度 20	IT				
基座宽度 10	IT				
基座高度 20	IT				
总高 22	IT				合格（　）
电池接头孔中心距 10	IT				不合格（　）
底部孔中心距 6.5	IT				
M6 螺纹孔	合格/不合格				
表面粗糙度 $Ra6.3$（μm）	合格/不合格				
缺陷	有无碰伤、残留				

155

(2)问答:
①为什么电池模型零件底部要设计一个定位孔?只用一个螺钉固定可以吗?为什么?
②参考书后附表1、2,与你制定的电池模型加工工艺卡与加工步骤对比一下,各有什么优缺点。
(3)查一查:
查找现实汽车中电池的作用是什么?

任务2 车架铰体的加工

⇨ **任务描述**

本任务主要学习折弯加工。

图5-3是车架铰体的零件图,请依据图样和工艺卡,按照钣金加工要求,完成零件的加工和检测。

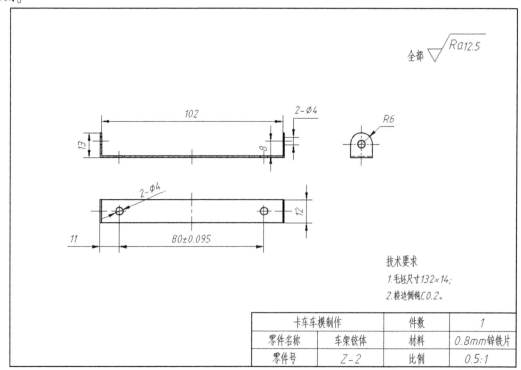

图5-3 车架铰体零件图

⇨ **任务目标**

1. 能对照车架铰体零件图进行独立分析,包括指出零件的材料、毛坯、件数,叙述零件的类型、形状尺寸、技术要求与加工内容。
2. 能根据车架铰体的加工内容正确选择加工方法以及机床、夹具、刀具与量具等工艺装备,确定工序和工步,并制订加工工艺卡。
3. 能根据车架铰体的加工内容制订加工步骤,包括装夹工件和刀具、调试机床、选择机床的切削用量、测量工件、保证加工的尺寸精度与表面粗糙度等内容。
4. 能根据车架铰体的加工步骤,正确操作加工设备,加工零件并检测。
   建议完成本教学任务为4学时。

项目五 车模零件的自主加工

学习准备

1. 分析零件图填空

读图 5-16 车架铰体零件图可知，该零件使用的材料为_____，毛坯为_____，件数为_____；该零件为_____（零件类型），形状有_____，尺寸有_____，其中已标注公差尺寸有_____，上极限偏差为_____，下极限偏差为_____，其余均为未标注公差尺寸。

该零件表面精度要求为_____。

该零件需用到的加工方法有_____，加工内容有_____。

2. 制订工艺卡

根据车架铰体零件图的分析结果，独立制订加工工艺卡并填写表5-5（可根据内容增加表格），加工方法可参考项目二任务1转向横拉杆的加工、任务2转向节的加工。

车架铰体加工工艺卡　　　　　　　　　表5-5

（企业名称）			机械加工工艺卡			产品名称		卡车车模		图号	
						零件名称				共1页	第1页
材料		毛坯种类		毛坯尺寸		毛坯件数		每台件数	1	备注	
工序	工种	工步	工序内容			车间	工段	设备	工艺装备		工时
									夹具	刀具	量具	准终	单件
					设计（日期）		校对（日期）		审核（日期）	标准化（日期）	会签（日期）
标记	处数	更改文件号	签字	日期							

3. 加工准备

根据工艺卡的要求填写表5-6，独立准备相关材料。

157

生产资料表　　　　　　　　　　　　　　　　　　　表 5-6

序 号	项 目	名称、规格、数量等
1	材料	
2	工具	
3	量具	
4	其他	

4. 操作加工

根据以上准备内容,制订车架铰体的加工步骤,填写表 5-7(可根据内容增加表格),并正确操作加工设备,独立加工车架铰体。

车架铰体加工步骤　　　　　　　　　　　　　　　表 5-7

工步	加工简图	操作步骤	主轴转速 (r/min)	切削速度 (mm/min)	切削深度 (mm)
1.					
2.					
3.					
4.					
5.					

任务评价

(1)回顾本任务的学习,你是否能做到:

①能否对照图 5-3 车架铰体零件图图样,指出零件的材料、毛坯、件数,叙述零件的类型、形状尺寸、技术要求与加工内容?

②能否独立并且正确地选择加工方法?能否正确设计车架铰体的工序顺序与工步顺序,能否正确制订车架铰体的加工工艺卡?

③能否正确制订车架铰体加工步骤,包括装夹工件、测量工件、保证加工的尺寸精度与表面粗糙度等内容?

④能否正确操作加工工具,独立加工车架铰体?

⑤根据车架铰体零件图的技术要求对工件进行综合检测并填写表 5-8。加工的车架铰体零件是否合格?

(2)问答:

参考书后附表3、附表4,与你制订的前轮轴加工工艺卡与加工步骤对比一下,各有什么优缺点。

综合检测表(未注公差的尺寸按 GB/T 1804-m 检验)(单位:mm)   表 5-8

检测项目	检测内容	自检	小组检	质检	结 果
长度 102	IT(偏差 ±0.2)				
宽度 12	IT				
圆角 R6	2 处				合格( )
通孔 φ4	IT				不合格( )
表面粗糙度 Ra3.2μm	合格/不合格				
缺陷	有无碰伤、残留				

任务 3　前轮轴的加工

任务描述

本任务自主加工前轮轴,零件图如图 5-4 所示,根据图样要求加工零件并检测。

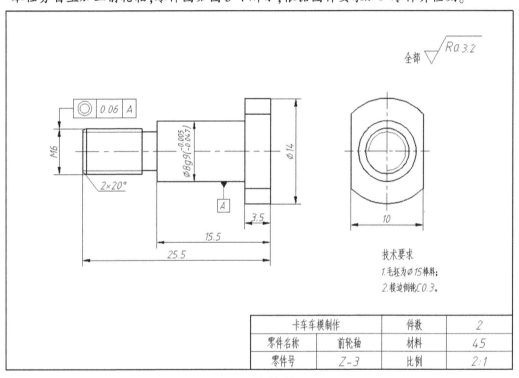

图 5-4　前轮轴零件图

任务目标

1. 能对照前轮轴零件图进行独立分析,包括指出零件的材料、毛坯、件数,叙述零件的类型、形状尺寸、技术要求与加工内容。

2. 能根据前轮轴的加工内容正确选择加工方法以及机床、夹具、刀具与量具等工艺装备,确定工序和工步,并制定加工工艺卡。

3. 能根据前轮轴的加工内容制定加工步骤,包括装夹工件和刀具、调试机床、选择机床的切削用量、测量工件、保证加工的尺寸精度与表面粗糙度等内容。

4. 能根据前轮轴的加工步骤,正确操作加工设备,加工零件并检测。

建议完成本教学任务为 6 学时。

任务实施

1. 分析零件图填空

读图 5-4 前轮轴零件图可知,该零件使用的材料为_____,毛坯为_____,件数为_____;

该零件为_____(零件类型),形状有_____,尺寸有_____,其中有注公差尺寸有_____,公差代号为_____,精度等级为_____,上极限偏差为_____,下极限偏差为_____,其余均为未标注公差尺寸。

该零件表面粗糙度要求为_____。

该零件需用到的加工方法有_____,加工内容有_____。

2. 制定工艺卡

根据前轮轴零件图的分析结果,独立制定加工工艺卡并填写表 5-9(可根据内容增加表格),加工方法可参考项目三任务 2 阶梯轴的加工、项目四任务 4 万向节的加工。

前轮轴加工工艺卡　　　　　　　　表 5-9

(企业名称)			机械加工工艺卡			产品名称		卡车车模	图号		
						零件名称			共1页	第1页	
材料		毛坯种类		毛坯尺寸		毛坯件数		每台件数	1	备注	
工序	工种	工步	工序内容			车间	工段	设备	工艺装备		工时
									夹具	刀具	量具	准终	单件
					设计(日期)	校对(日期)		审核(日期)	标准化(日期)		会签(日期)
标记	处数	更改文件号	签字	日期							

3. 加工准备

根据工艺卡的要求填写表5-10,独立准备相关材料。

生产资料表　　　　　　　　　　　　　　　　　　　　　　　表5-10

序　号	项　目	名称、规格、数量等
1	材料	
2	刀具	
3	量具	
4	其他	

4. 操作加工

根据以上准备内容,独立制定前轮轴的加工步骤,填写表5-11(可根据内容增加表格),并正确操作加工设备,独立加工前轮轴。

前轮轴加工步骤　　　　　　　　　　　　　　　　　　　　表5-11

工步	加工简图	操作步骤	主轴转速（r/min）	切削速度（mm/min）	切削深度（mm）
1.					
2.					
3.					
4.					
5.					

任务评价

（1）回顾本任务的学习,你是否能做到:

①能否对照图5-4前轮轴零件图图样,指出零件的材料、毛坯、件数,叙述零件的类型、形状尺寸、技术要求与加工内容?

②能否独立并且正确地选择加工方法以及机床、夹具、刀具与量具等工艺装备用于加工前轮轴?能否正确设计前轮轴的工序顺序与工步顺序,能否正确制定前轮轴的加工工艺卡?

③能否正确制定前轮轴加工步骤,包括装夹工件和刀具、调试机床、选择机床的切削用量、测量工件、保证加工的尺寸精度与表面粗糙度等内容?

④能否正确操作加工设备,独立加工前轮轴?

⑤根据前轮轴零件图的技术要求对工件进行综合检测并填写表5-12。加工的前轮轴零件是否合格?

综合检测表(未注公差的尺寸按 GB/T 1804-m 检验)(单位:mm)　　　　表5-12

检测项目	检测内容	自检	小组检	质检	结　果
外径 $\phi 8g9(^{-0.005}_{-0.047})$	IT9				合格(　　) 不合格(　　)
外径 $\phi 14$	IT(偏差 ±0.10)				
螺纹 M6	2 处				
长度 25.5	IT(偏差 ±0.10)				
长度 15.5	IT(偏差 ±0.05)				
长度 3.5	IT(偏差 ±0.05)				
宽度 10	IT				
表面粗糙度 $Ra3.2\mu m$	合格/不合格				
倒角 $C2\times 30°$	3 处				
缺陷	有无碰伤、残留				

(2)问答:

①前轮轴零件若分别选用长棒料与短棒料进行加工,加工步骤有什么不一样?

②参考书后附表5、附表6,与你制定的前轮轴加工工艺卡与加工步骤对比一下,各有什么优缺点。

(3)查一查:

查找现实汽车中前轮轴的结构和工作原理。

项目六　卡车车模的装配

项目描述

本学习项目要完成卡车车模的装配,爆炸图如图6-1所示,装配后的车模效果图如图6-2所示。

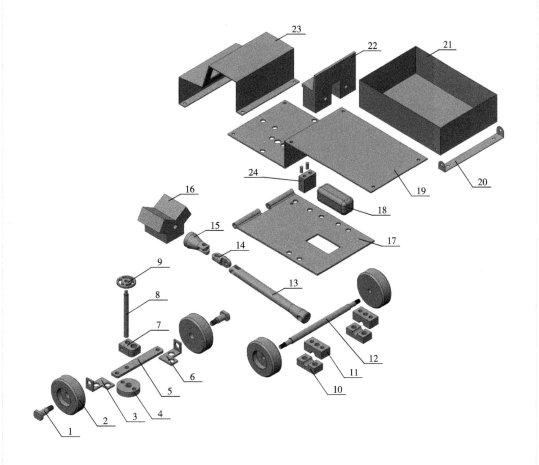

图6-1　卡车车模爆炸图

1-前轮轴;2-车轮;3-左转向节;4-转向轴定位座;5-转向横拉杆;6-右转向节;7-转向拨杆;8-转向轴;9-转向盘;10-后轴承座;11-后轴承座上盖;12-后轮轴;13-转向轴;14-万向节;15-变速器模型;16-发动机模型;17-下车架;18-油箱;19-上车架;20-车架铰体;21-车箱;22-座椅;23-驾驶室;24-电池组件

163

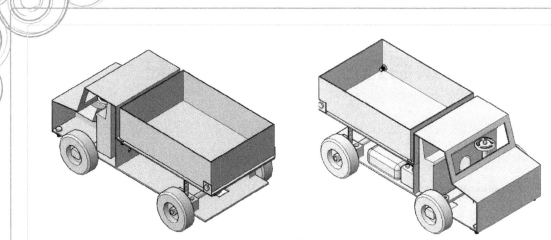

图6-2 卡车车模装配效果图

项目目标

1. 能叙述卡车车模中的各零件装配关系和相对位置精度的要求。
2. 在教师的指导下,能保证装配零件的位置精度。
3. 能独立选用各种装配工具和装配方法。
4. 在教师的指导下,能修磨零件和处理其他装配问题。
5. 能独立检查卡车车模整体装配精度和功能的实现。

建议完成本教学项目为 **6** 学时。

学习准备

一、钳工装配基础

1. 钳工装配的基本概念

钳工装配是指主要利用手工操作的办法,在一定的条件下,以高的生产率,较低的成本装配出高质量的产品,主要包括装配、调整、检测、试验、涂装及包装等工作。

2. 钳工装配的主要环节

钳工装配的主要环节包括清洗、连接、校正、平衡、验收试验等。

3. 装配精度

装配精度就是产品装配后的实际几何参数、工作性能与理想几何参数、工作性能的符合程度。要得到性能良好的产品,除了要设计出合理的结构外,通常还要对产品装配后的总体要求作出合理的规定,并应当在装配过程中予以保证。

4. 装配工艺

装配工艺是指装配的组织形式、装配顺序及装配方法等。钳工装配时也应有装配工艺,但这些工艺比较简单。一般先制作出装配工艺卡,以指导装配工作。

二、确定装配工艺

(1)复习卡车车模的结构和各零件名称及作用(参考本教材项目一内容)。

(2)技术要求分析：

①零件和组件必须按照图样要求正确地装配在规定的位置。

②各固定连接件必须保证将零件和组件固定紧密，不得有任何松动现象。

③旋转机构必须能灵活转动，各工作表面润滑良好。

④必须保证实现机构的各种功能。

(3)修配法。卡车车模为单件生产，采用修配法装配。修配法是在装配过程中，通过修配尺寸链中某一组成环的尺寸，使封闭环达到规定精度要求的一种装配方法。

(4)制定装配工艺卡，见表6-1。

卡车车模装配工艺卡　　　　　　　　　　　　　　　　　　　表6-1

工序	工步	装配内容	设备	装配工具
1	零件复检	检测各零件关键尺寸的精度		
2	修锐倒角	用油石对零件进行修锐		油石
3	清洗	清洗零件表面，清除铁屑、灰尘及油污等		
4	装配车身	(1)用4个M6×10mm螺钉分别将转向轴定位座及座椅安装在上车架上，检查精度 (2)用铰链将上车架与下车架连接，装配成功后下车架可以以铰链轴心为轴线摆动 (3)用3个M6×10mm螺钉分别将油箱、电池安装在下车架上 (4)用2个M4×10mm螺钉将车架铰体安装在上车架上		螺钉旋具
5	装配转向系统	(1)用1个M6×10mm内六角螺钉将转向拨杆安装在转向轴上，并且转向轴下端伸出长度为13.5mm±0.1mm (2)用1个M6×10mm内六角螺钉套上轴套后将转向横拉杆安装在转向拨杆上，并且螺钉下端面到转向拨杆下平面的距离为3mm±0.1mm 装配成功后转向横拉杆可以以该螺钉为轴心转动 (3)用2个分别装上轴套后的M6×10mm螺钉将2个转向节与转向横拉杆连接，并分别旋上螺母。拧紧后转向节应可以自由转动(转向节有左右之分，安装时应注意) (4)将2个前轮轴分别安装在左右转向节上并装上车轮及旋上螺母。拧紧螺母后车轮应可自由转动		
6	装配传动系统	用内六角螺钉将发动机与变速器连接，变速器轴孔轴线垂直于通孔轴线，垂直度误差为0.1mm		螺钉旋具
		(1)用1个M6×10mm内六角螺钉将万向节与传动轴连接 (2)将后轮轴插入传动轴通孔，并依次在后轮轴两边装上后轴承座、轴套、车轮及螺母。拧紧螺母后车轮应可自由转动		螺钉旋具
		(1)用2个分别装上轴套后的M6×10mm螺钉将转向系统安装在底盘系统上，并分别拧上螺母。拧紧后转动转向盘，两轮应可同时转向 (2)用2个M6×10mm螺钉将发动机变速器组合体安装在车身上 (3)用1个M6×10mm内六角螺钉将发动机变速器组合体与传动动系统余下部分组合体连接，并用4个M4×10mm螺钉将传动系统与下车架连接。完成安装后下车架应可在弹簧压缩范围内以合页轴线为轴心摆动，实现减振功能	台钻	螺钉旋具 锉刀

续上表

工序	工步	装配内容	设备	装配工具
7	装配驾驶室	用4个M4×10mm螺钉将驾驶室安装与车身上		螺钉旋具
8	装配车箱	用2个M4×10mm螺钉将车箱与车架铰体连接。安装完成后车箱应可以铰体通孔轴线为轴心摆动,实现卸货功能		螺钉旋具

任务实施

1. 装配准备

(1)零件关键精度的检测。卡车模型装配前,严格按照各个零件图的要求重新检测各项精度指标,不符合要求的零件需重新进行加工。

(2)整形。用油石对零件等进行修锐。

(3)清洗。清洗零件表面,清除铁屑、灰尘及油污等。

(4)补充加工。刮研、配作丝杠螺纹孔等。

(5)按照工具清单中的数量和规格,选择相关的刀具、工具、量具及夹具,并整齐地放置在指定位置。

2. 准备工量具

由装配工艺卡可知在装配过程中需要准备的工具有:油石、螺钉旋具、虎钳、铁锤、游标卡尺、锉刀及垂直度测量仪等,可参考表1-1拆解卡车车模所需工具。

3. 装配操作

卡车车模装配操作步骤见表6-2。

卡车车模装配操作步骤　　　　　表6-2

次序	装配内容	装配简图	操作步骤
1	零件复检		检测各零件关键尺寸的精度
2	修锐倒角		用油石砂纸对零件进行修锐
3	清洗		清洗零件表面,清除铁屑、灰尘及油污等(可喷涂颜色)

项目六　卡车车模的装配

续上表

次序	装配内容	装配简图	操作步骤
4	安装转向轴定位座及座椅	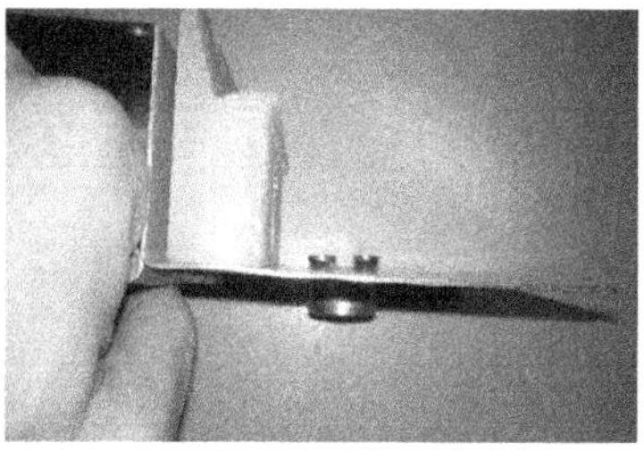	用4个 M6×10mm 螺钉分别将转向轴定位座及座椅安装在上车架上,检查精度
	连接上下车架		用铰链(银钢支)将上车架与下车架连接(装配成功后下车架可以绕铰链摆动)
	安装油箱及电池	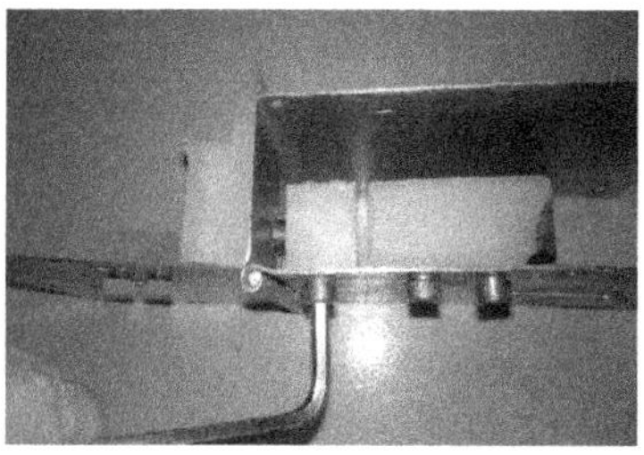	用3个 M6×10mm 螺钉分别将油箱、电池安装在下车架上
	安装车架铰体		用2个 M4×10mm 螺钉将车架铰体安装在上车架上

续上表

次序	装配内容	装配简图	操作步骤
5	连接转向轴与转向拨杆		用1个M6×10mm内六角螺钉将转向拨杆安装在转向轴(已与转向盘铆接)上,并且转向轴下端伸出长度为13.5mm±0.1mm
	连接转向拨杆与转向横拉杆		用1个M6×10mm内六角螺钉套上轴套(轴套长度应修配)后将转向横拉杆安装在转向拨杆上,并且螺钉下端面到转向拨杆下平面的距离为3mm±0.1mm (装配成功后转向横拉杆可以绕该螺钉转动)
	连接转向横拉杆与转向节		用2个分别装上轴套后的M6×10mm螺钉将两个转向节与转向横拉杆连接,并分别旋紧螺母 (转向节应可以自由转动)(转向节分左右,安装时注意)
	安装前轮		将2个前轮轴分别安装在左右转向节上,装上车轮及旋紧螺母 (车轮应可自由转动)
6	组合发动机变速器		用内六角螺钉将发动机与变速器连接,变速器轴孔轴线垂直于通孔轴线,垂直度误差为0.1mm

项目六　卡车车模的装配

续上表

次序	装配内容	装配简图	操作步骤
7	连接万向节与传动轴	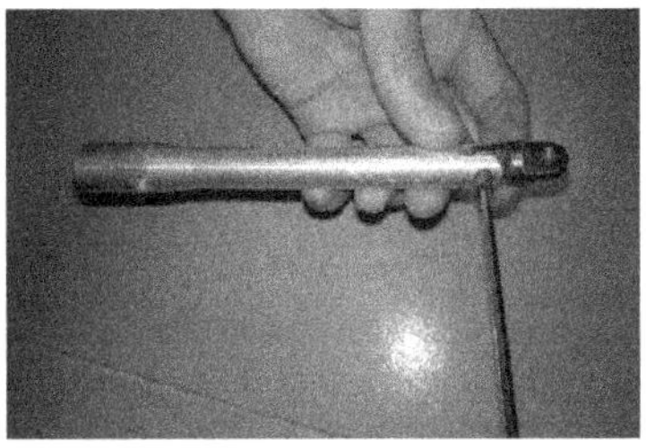	用1个 M6×10mm 内六角螺钉将万向节与传动轴连接
	组合传动系统余下部分		将后轮轴插入传动轴通孔,并依次在后轮轴两边装上后轴承座、轴套、车轮及螺母 (车轮应可自由转动)
8	安装转向系统		用2个分别装上轴套后的 M6×10mm 螺钉将转向系统安装在底盘系统上,并分别拧紧螺母 (转动转向盘,两轮应可同时转向)
	安装发动机变速器组合体	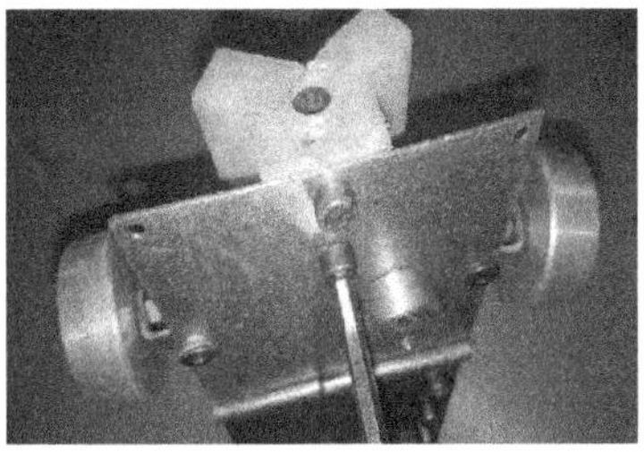	用2个 M6×10mm 螺钉将发动机变速器组合体安装于车身上
	连接发动机变速器组合体与传动系统余下部分	 	用1个 M6×10mm 内六角螺钉将发动机变速器组合体与传动动系统余下部分组合体连接,并用4个 M4×10mm 螺钉将传动系统与下车架连接 (下车架应可在弹簧压缩范围内以铰链为轴心摆动,实现减振功能)

续上表

次序	装配内容	装配简图	操作步骤
9	安装驾驶室		用4个M4×10mm螺钉将驾驶室安装于车身上
10	安装车箱		用2个M4×10mm螺钉将车箱与车架铰体连接 （车箱应可以铰体通孔轴线为轴心摆动,实现卸货功能）

4. 故障分析

（1）转向系统不能转向。

原因分析:转向盘与转向轴没有固定连接、转向轴与转向拨杆或转向轴定位座之间的间隙不够、转向系统的平面四杆机构转动不顺畅。

解决方法:针对以上原因逐个分析并处理。

（2）传动系统不能正确装配。

原因分析:后轴承座副的位置不正确、变速器模型的安装角度不正确。

解决方法:针对以上原因逐个分析并处理。

（3）卡车车模底盘前后高度不一。

原因分析:零件制作精度不高、装配精度不高。

解决方法:

①转向节折弯处可调为朝上或朝下。

②可重新计算前轮车轮外径尺寸并重制作零件。

③可重新计算后轴承座高度并重制作零件。

任务评价

（1）回顾本任务的学习,你是否能做到:

①能否独立选用装配工具进行卡车车模的装配?

②能否正确装配卡车车模?

③能否分析装配故障原因与排除故障?

（2）思考回答:

①在制作卡车车模时,给你体会最深的是什么?

②你认为卡车车模还有哪些地方需要改进?

（3）试一试:

给心爱的车模喷涂上各种各样的颜色（装配前喷涂）,制作一些简单的汽车图标贴在车模上。

附　　表

附表1　电池模型加工工艺卡

(企业名称)			机械加工工艺卡			产品名称		卡车车模		图号		X-2
						零件名称		电池模型		共1页		第1页
材料		塑料	毛坯种类	方料	毛坯尺寸	25mm×23mm×13mm	毛坯件数	1	每台件数	1	备注	
工序	工种	工步	工序内容			车间	工段	设备	工艺装备			工时
									夹具	刀具	量具	准终	单件
0	锯		下料：塑料25mm×23mm×13mm					锯床		锯条	钢直尺		
1	铣	(1)~(6)	把工件铣削为六面体，尺寸为20mm×20mm×10mm					XJ6325A铣床	机用平口钳	直柄四刃立铣刀	游标卡尺		
2	划线	(1)	①划φ4mm电池触点孔中心线 ②划底部2个M6螺孔的中心线					划线平台		划针	高度游标划线尺		
3	钻	(1)	①钻φ3.5mm电池触点孔，孔深6mm ②φ4mm钻头扩孔					铣床或台钻床	平口钳	φ3.5mm、φ4mm、φ5mm钻头	游标卡尺		
		(2)	用φ5mm钻头钻工件底部的1个M6螺孔底孔、孔深13mm。φ4mm钻头钻孔深5mm										
4	攻丝	(1)	M6丝锥攻M6螺孔深9mm					钳工台	平口钳、台虎钳	M6丝锥	游标卡尺		
5	锯	(1)	下料：银钢支φ4mm×8mm							手锯弓平锉刀			
6	组装	(1)	银钢支过渡配合装入φ4mm孔内							铜锤			
7			清毛刺，检测										
					设计(日期)		校对(日期)		审核(日期)		标准化(日期)		会签(日期)
标记	处数	更改文件号	签字	日期									

附表2　电池模型加工步骤

工步	加工简图	操作步骤	主轴转速（r/min）	切削速度（mm/min）	切削深度（mm）
1.铣六面		参照任务2铣六面的方法按电池零件的尺寸加工,保证垂直度和表面粗糙度	555 1100	500 300	0.5 0.1
2.划线		按图样划线 (1)划 $\phi 4mm$ 电池触点孔中心线 (2)划底部2个M6螺孔的中心线 (3)打样冲眼作为钻孔的定位点	手动	手动	手动
3.钻触点安装孔		用平口钳和薄铜片夹持工件 (1)安装钻头,并分别精确对各孔中心点 (2)钻 $\phi 3.5mm$ 电池触点孔,孔深6mm (3) $\phi 4mm$ 钻头扩孔 保证图样尺寸要求精度、形位公差、表面粗糙度 $Ra3.2\mu m$	800	手动	手动
4.钻螺纹孔定位孔		将零件翻转180°,用 $\phi 5mm$ 钻头钻工件底部的1个M6螺孔底孔、孔深13mm。$\phi 4mm$ 钻头钻定位孔深5mm	600	手动	手动
5.攻螺纹		使用M6丝锥攻M6螺孔深9mm	手动	手动	手动

续上表

工步	加工简图	操作步骤	主轴转速（r/min）	切削速度（mm/min）	切削深度（mm）
6.下料锉平		将φ4mm银钢支安装在台虎钳上,使用手锯弓和锯片下料,长度8.5mm,用锉刀将锯口锉平,保证长度8mm,倒角C0.3	手动	手动	手动
7.装配		使用铜锤将银钢支过渡配合装入φ4mm孔内,保证安装后总高度22mm	手动	手动	

附表3 车架铰体加工工艺卡

(企业名称)			机械加工工艺卡			产品名称	卡车车模	图号	B-2
						零件名称	车架铰体	共1页	第1页
材料	45钢	毛坯种类	薄板料	毛坯尺寸	132mm×14mm	毛坯件数	1	每台件数	1	备注	
工序	工种	工步	工序内容		车间	工段	设备	工艺装备			工时	
								夹具	刀具	量具	准终	单件
1	钳 机加工	(1)	锉削工件,保证长度尺寸128mm,预留折弯尺寸1mm(各两处)					台虎钳		钢直尺 游标卡尺		
		(2)	划线,确定通孔φ4mm(4处)位置,并打样冲眼									
		(3)	钻孔加工 $\phi 6.5^{+0.04}_{+0.02}$mm 通孔				台钻		φ6.5mm 麻花钻			
2	钳	(1)	工件使用台虎钳装夹,使用手锤根据所划线进行折弯(单边)									
		(2)	折弯(另一边),保证 $120^{+0.02}_{+0.01}$mm 尺寸,并保证两边垂直度									
3			清毛刺,检测									
					设计(日期)	校对(日期)		审核(日期)	标准化(日期)		会签(日期)	
标记	处数	更改文件号	签字	日期								

附表4 车架铰体加工步骤

加工完成图	工步内容描述	操作示意图
—	使用高度游标卡尺划线定位	
	装夹工件,打样冲眼 使用 ϕ4mm 麻花钻进行孔加工,注意孔心定位精度	
	台虎钳装夹工件,折弯划线对齐台虎钳 (1)倾斜手锤,敲击工件 (2)折弯工件	

附表5　前轮轴加工工艺卡

(企业名称)			机械加工工艺卡			产品名称		卡车车模		图号		C-3
						零件名称		前轮轴		共1页		第1页
材料	45		毛坯种类	棒料	毛坯尺寸	φ20mm 长料	毛坯件数	2	每台件数	1	备注	
工序	工种	工步	工序内容			车间	工段	设备	工艺装备		工时	
									夹具	刀具	量具	准终	单件
1	车	(1)	装夹工件,右端伸出 35mm,找正工件;粗车、精车端面,保证 Ra6.3μm					C6132车床	三爪自定心卡盘	90°外圆车刀	游标卡尺 钢直尺		
		(2)	粗、精加工外圆至 φ14mm,长度 30mm,保证 Ra3.2μm										
		(3)	粗、精加工外圆至 φ8mm,长度 22mm,保证 Ra3.2μm										
			粗、精加工外圆至 φ5.9mm,长度 10mm,保证 Ra3.2μm										
		(4)	倒角 2×20°										
		(5)	切断,工件长度 30mm							切断刀	游标卡尺		
		(6)	工件调头用软爪装夹,车端面,保证总长 25.5mm										
		(7)	清毛刺,检测										
2	铣	(1)	用软爪夹装工件 φ8mm 处,伸出 8mm,找正工件;安装 φ12mm 的直柄四刃立铣刀 粗、精铣工件外圆 φ14mm×3.5mm 的一侧,留下 12mm,保证 Ra3.2μm					XJ6325A铣床	三爪自定心卡盘	φ12mm 直柄四刃立铣刀	游标卡尺		
		(2)	粗、精铣工件外圆 φ14mm×3.5mm 另一侧,留下 10mm,保证 Ra3.2μm										
		(3)	清毛刺,检测										
3	钳	(1)	套螺纹 M6						台虎钳	M6 板牙			
					设计(日期)		校对(日期)		审核(日期)	标准化(日期)		会签(日期)	
标记	处数	更改文件号	签字	日期									

附表6 前轮轴加工步骤

工步	加工简图	操作步骤	主轴转速 (r/min)	进给量 (mm/r)	切削深度 (mm)
1.车端面	φ15, 35	装夹工件,右端伸出35mm,找正工件,安装90°外圆车刀,并精确对刀 (1)粗车右端面 (2)精车右端面,保证表面粗糙度Ra3.2μm	360 560	0.2 0.1	0.5 0.3
2.车外圆 φ14mm	φ14, 30	(1)粗车外圆至φ14.5mm,长度29.8mm (2)精车外圆至φ14mm,长度30mm,保证Ra3.2μm	360 560	0.25 0.1	1 0.25
3.车外圆 φ8mm	φ8, 22	(1)粗车外圆至φ8.5mm,长度21.8mm (2)精车外圆至φ8mm,长度22mm,保证Ra3.2μm	360 560	0.25 0.1	1 0.25
4.车螺纹 外圆	φ5.9, 10	(1)粗车外圆至φ6.4mm,长度9.8mm (2)精车外圆至φ5.9mm,长度10mm,保证Ra3.2μm	360 560	0.25 0.1	1 0.25
5.倒角	2×20°	换车槽刀,把刀架逆时针转动20°,倒角2×20°	360	手动	
6.车断	30	把刀架摆正,车断工件,长度30mm	210	手动	刀宽
7.调头车 端面	25.5	工件调头用软爪装夹,车端面,保证总长25.5mm	360	0.2	0.5

续上表

工步	加工简图	操作步骤	主轴转速（r/min）	进给量（mm/r）	切削深度（mm）
8. 铣一平面		铣床工作台上用软爪装夹工件 ϕ8mm 处，伸出 8mm，找正工件；安装 ϕ12mm 的直柄四刃立铣刀	360	0.25	1
		（1）粗铣工件外圆 ϕ14mm×3.5mm 的一侧，留下 12.2mm，保证 Ra3.2μm			
		（2）精铣工件该处，留下 12mm，保证 Ra3.2μm	560	0.1	0.2
9. 铣另一平面		（1）粗铣工件 ϕ14mm×3.5mm 的另一侧，留下 10.2mm，保证 Ra3.2μm	360	0.25	1
		（2）精铣工件该处，留下 10mm，保证 Ra3.2μm（可参考项目四万向节的加工）	560	0.1	0.2
10. 套螺纹		在钳工台用铜片垫好钳口，装夹工件已铣削的两平面，套螺纹 M6	手动	手动	手动

附 图

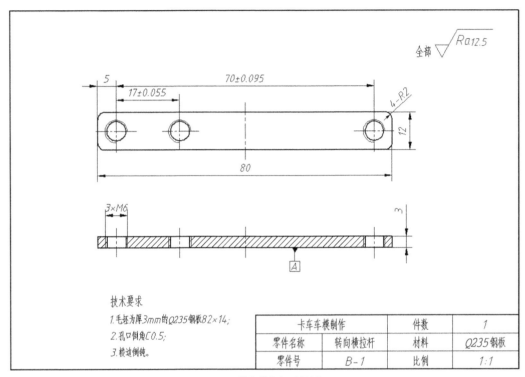

B-1 转向横拉杆零件图

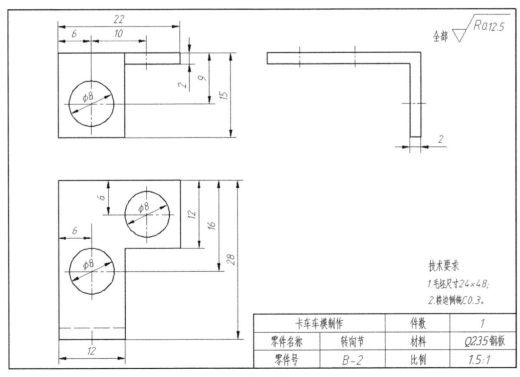

B-2 转向节零件图

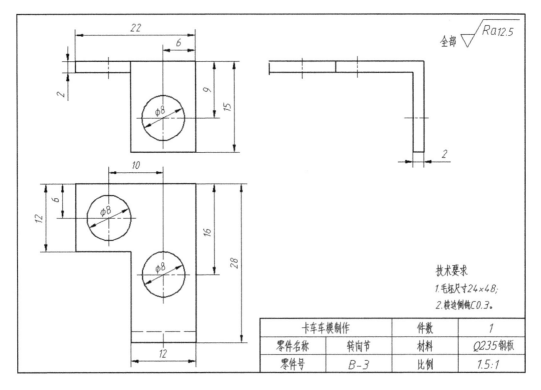

B-3 转向节零件图

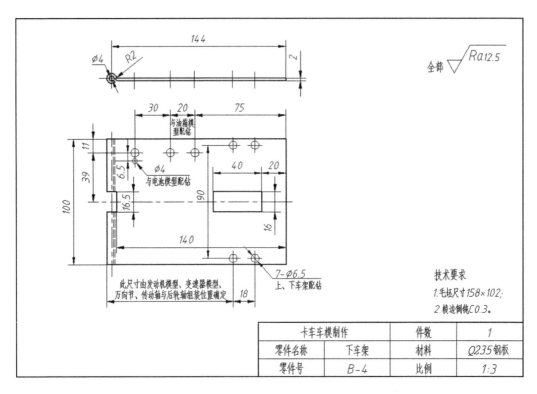

B-4 下车架零件图

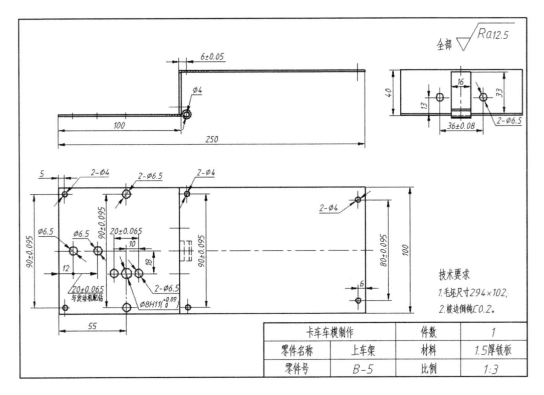

B-5 上车架零件图

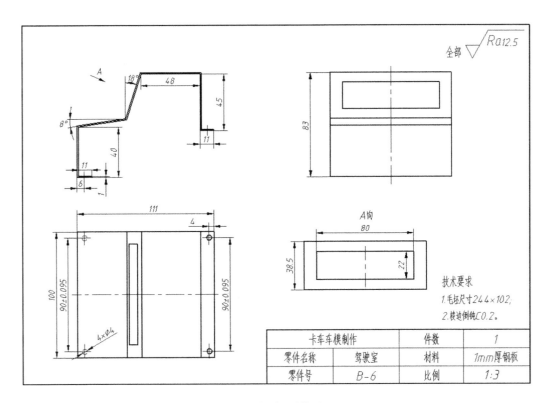

B-6 驾驶室零件图

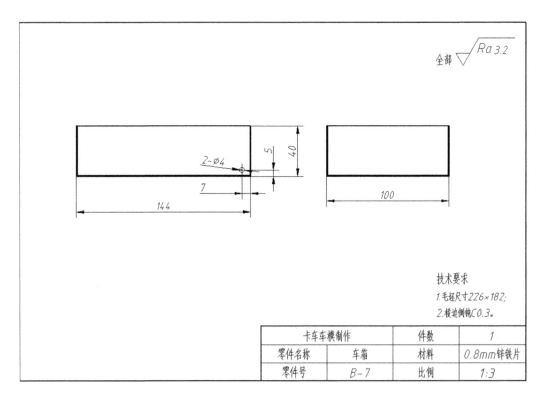

B-7 车箱零件图

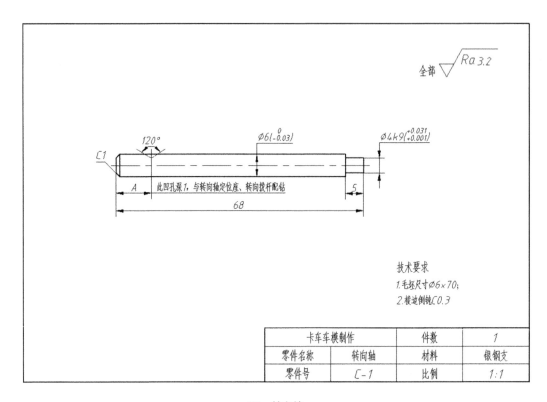

C-1 转向轴

附 图

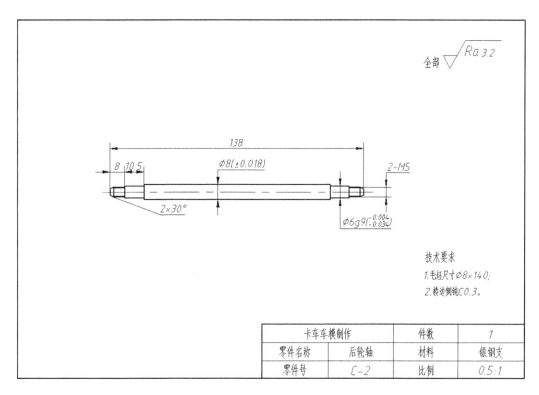

C-2 后轮轴

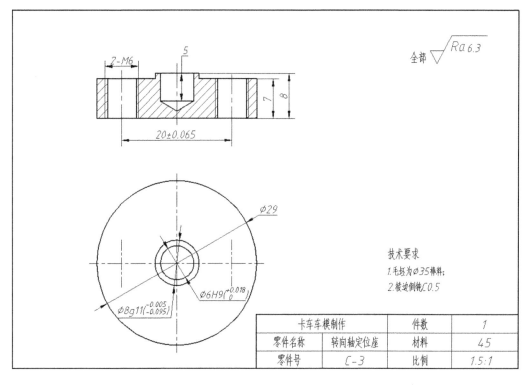

C-3 转向轴定位座零件图

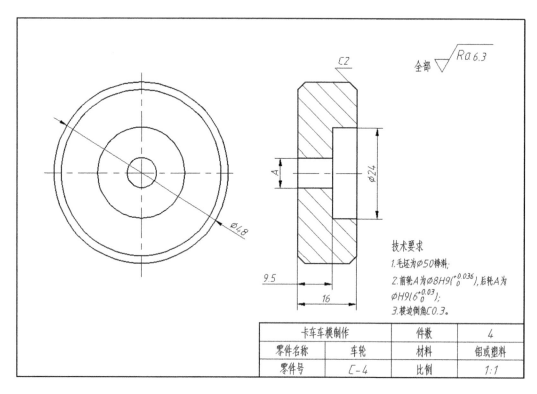

C-4 车轮零件图

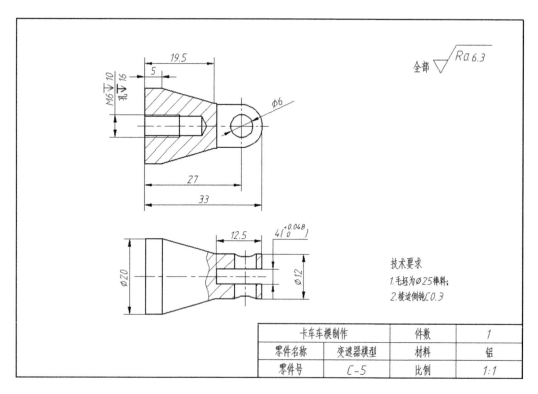

C-5 变速器零件图

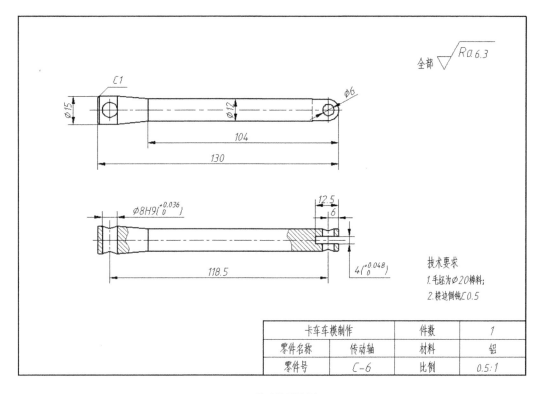

C-6 传动轴零件图

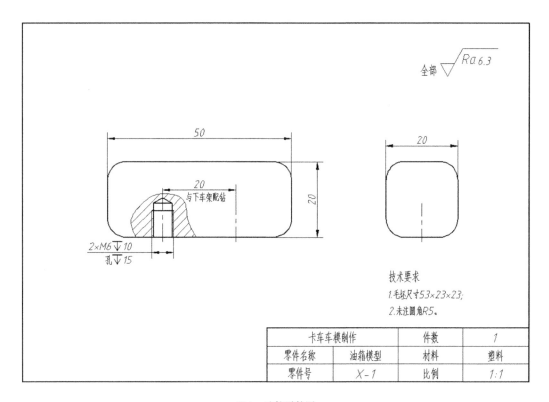

X-1 油箱零件图

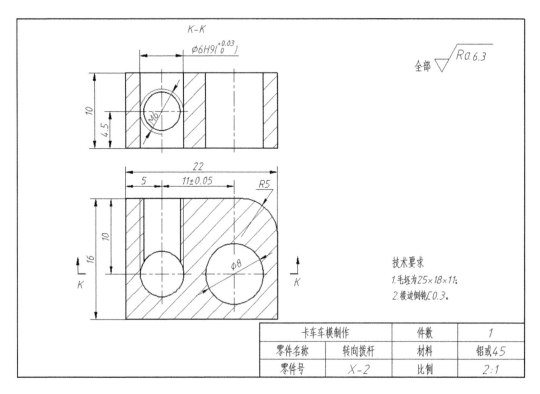

X-2　转向拨杆零件图

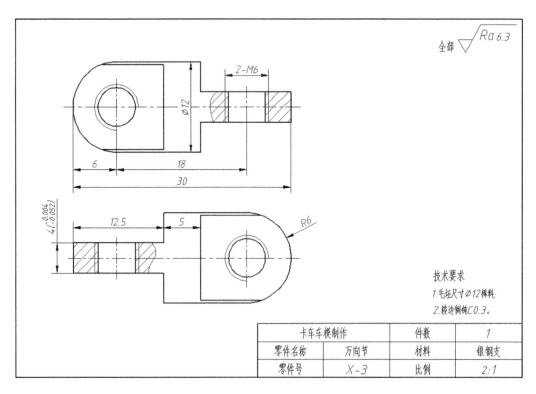

X-3　万向节零件图

附　图

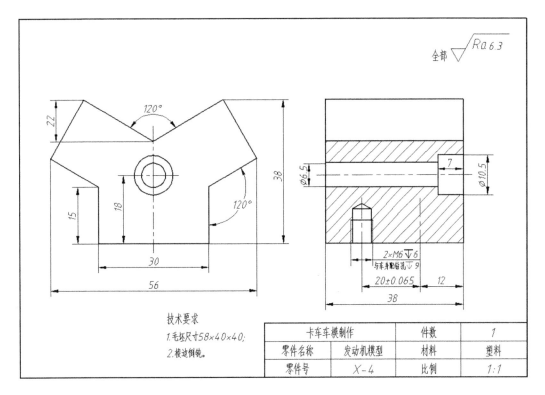

X-4　发动机零件图

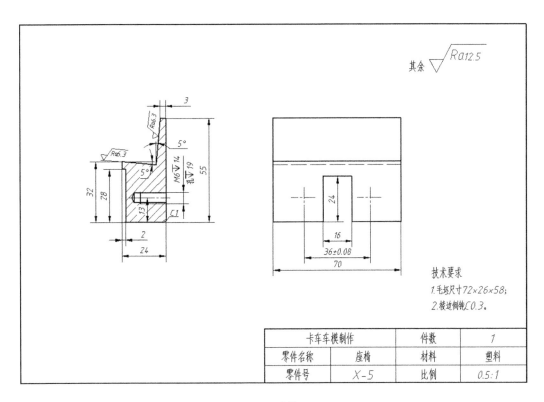

X-5　座椅

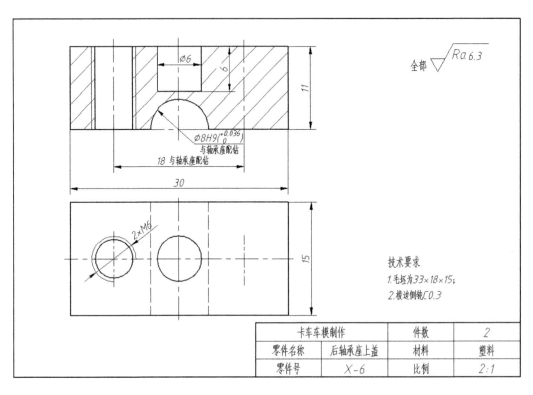

X-6　后轴承座上盖

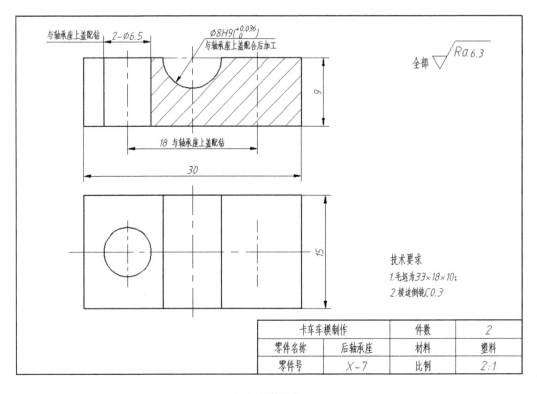

X-7　后轴承座

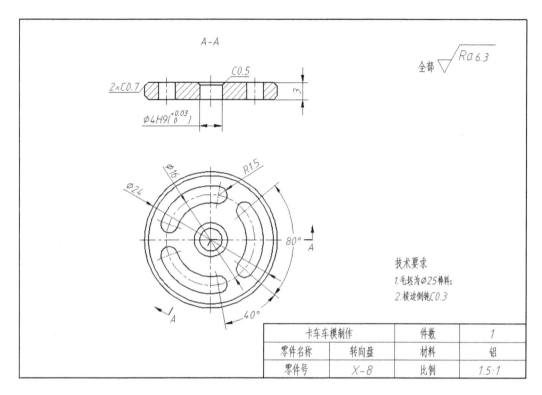

X-8 转向盘零件图

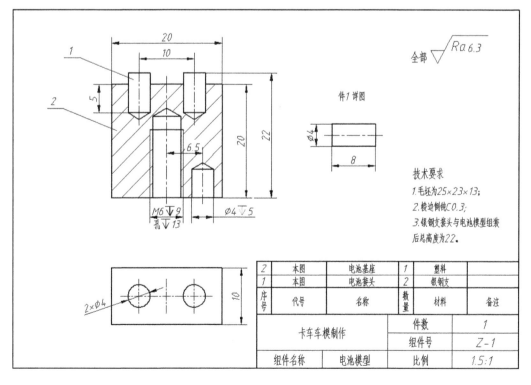

Z-1 电池零件图

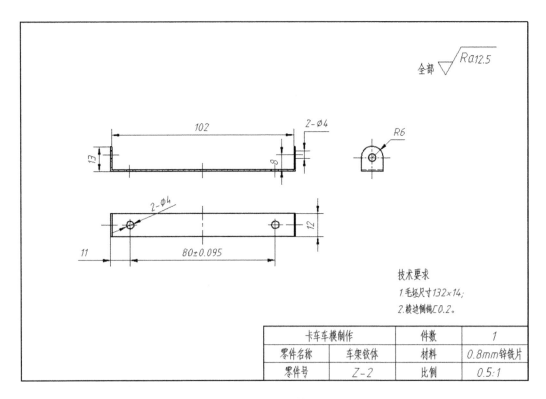

Z-2 车架铰体

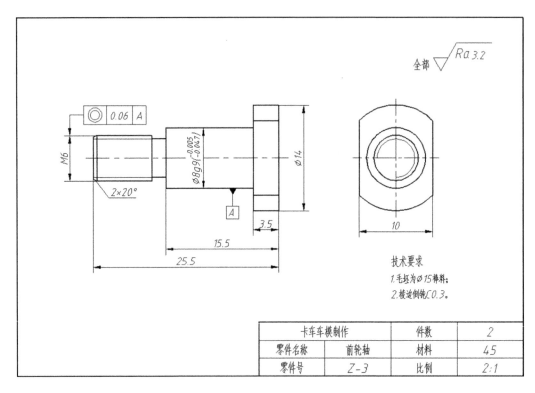

Z-3 前轮轴

参 考 文 献

[1] 陈茂、范志勇. 钣金工. 化学工业出版社,2010.
[2] 彭德荫. 车工工艺与技能训练. 北京:中国劳动社会保障出版社,2001.
[3] 陈海魁. 机械制造工艺基础. 4 版. 北京:中国劳动社会保障出版社,2004.
[4] 黄鹤汀、吴善元. 机械制造技术. 北京:机械工业出版社,2004.
[5] 李军利. 机械零件铣削加工. 北京:机械工业出版社,2011.
[6] 焦小明. 机械零件手工制作与实训. 北京:机械工业出版社,2011.